Et Liv som afhængig med dobbeltdiagnoser

➢ Bogen indeholder

- ➢ Livshistorie/Selvbiografi

- ➢ Psykiatriske Speciallæge Erklæringer

- ➢ Neuropsykologisk Erklæring

- ➢ Psykologisk Erklæring

- ➢ Psykologiske Tests

- ➢ Indlæggelser

- ➢ CV-Kvalifikationer

- ➢ Brev til min far, Torben Jespersen

- ➢ Brev til min datter, Marie

Nicki's erindringer og livshistorie 1972-2022

Jeg hedder Nicki, og jeg er alkoholiker. For at starte med begyndelsen så er jeg født den 2. december 1972 på Nykøbing Falster Sygehus. Jeg er opvokset i Maribo på Lolland. Man kan beskrive min barndom som dysfunktionel og konfliktpræget, og jeg har været centrum i 2 skilsmisser mellem min far og mor. Jeg oplevede ikke nogen form for tryghed eller støtte fra min forældre og tilbragte megen af min tid og barndomsår hos min farmor, som jeg derimod oplevede som omsorgsfuld og nærværende. Min farmor var også alkoholiker, men hun var der altid for mig. Det jeg husker tydeligst hos min farmor og farfar var de familiemæssige sammenkomster, som altid blev holdt på Torvegade 9. i Maribo. Her blev der lavet den dejligste mad til hele familien, som min farmor stod for. Jeg var tit med i køkkenet, og deraf har jeg mine madkundskaber fra den dag i dag. Min far var fotograf i Lolland Centeret i Maribo med egen forretning, og min mor Jeanett var en overgang ansat ved Sparekassen i Nykøbing Falster og blev efterfølgende hjemmegående. Min far var aktiv alkoholiker hele min barndom og dele af mit voksne liv.

Noget af det, der står klarest for mig var, hver gang vi tog indtil min mormor og morfar til Vestersøgade 27. i København. Deres lejlighed lå lige ud til søerne i midt-København. Jeg var på utallige ferier inde på Vestersøgade og husker tydeligt, at jeg blev sat på toget i Nykøbing Falster, hvorefter min mormor og morfar hentede mig på Københavns hovedbanegård. Det billede af, at de står og tager imod mig, står nok som noget af det tydeligste for mig. Min morfar var politimand og var indbegrebet at godhed og kærligheden selv. Jeg husker engang jeg fik lov til at lege med hans håndjern, som resulterede i, at jeg fik sat dem på mig selv og hvor min morfar selvfølgelig havde glemt nøglerne på stationen på Amager og Ja, så var Nicki pludselig blevet anholdt. Min morfar og jeg kørte over til politistationen og hentede nøglerne, så jeg kunne blive en fri dreng igen. På mine sommerferier tror jeg, vi har været på samtlige museer og set alle de seværdigheder, der var værd at besøge i København, og der er mange, for ikke at snakke om utallige biografbesøg.

Jeg husker ellers ikke ret meget fra min barndom. I hvert fald ikke omkring det familierelaterede (mor og far og børn), ellers har jeg fortrængt det. Jeg erindrer min opvækst som disharmonisk og rodet. Dog husker jeg en hel del omkring mine 2 kammerater, der boede i samme område som os, Fuglereden/Skovbrynet i Maribo. Et område der lige var noget for sådan nogle unge knægte. Masser af skov, søer og udfoldelsesmuligheder. Vi byggede huler i skoven og legede meget med bue og pil. Vi fiskede også meget, da Maribo søerne kun lå 2 minutter væk. Om aftenen samlede vi hele nabolaget til en gang rundbold. Det var et kæmpe hit, da vi alle 3 havde fået mountainbikes, så kunne vi rigtig køre skovene omkring os tyndt og race rundt. Vi 3... Micael, Jacob og jeg var næsten sammen på daglig basis.

Jeg har efterfølgende fået at vide, at jeg allerede dengang kunne være meget manipulerende for at få min vilje. Den manipulerende adfærd har forfulgt mig siden da og indtil nu. Typisk alkoholisk adfærd men mest når jeg har været den aktive alkoholiker. Jeg kan også manipulere ubevidst og til tider også mig selv.

Mine forældrene blev skilt og gift med hinanden 2 gange. Sidste gang da var jeg ca. 14. år gammel. Min far arbejdede meget, fordi han var selvstændig, og jeg var derfor meget alene, efter min mor var rejst anden gang.

Ved første skilsmisse den 26. januar 1978 var jeg 6. år gammel. Der tog min mor mig med og havde også dengang fundet en anden mand (Flemming). Jeg kan huske, vi boede i en lejlighed i Nykøbing Falster, og at jeg gik til spejder med en, der hed Per. Ellers var der utrolig meget ballade omkring mit samkvem med min far. Tit tog min mor mig med andre steder hen, når min far skulle hente mig for at gemme mig væk. Til sidst kontaktede min far politiet, og fogeden blev sat ind, inden samværet med min far kunne finde sted.

Jeg husker min far og jeg altid legede med Merklins elektriske togbane, når jeg var på besøg. Vi byggede togbane igennem hele huset med hele repertoiret i orden. Det er en af de få ting, jeg husker.

Min mor og far blev gift igen den 5. juni 1979, altså kun halvandet år efter første skilsmisse og det holdt ca. 7. år, inden de igen blev skilt i 1986. I dette tidsrum kom min lillebror til verden, den 8. maj 1981. Min mor flyttede dengang til Falster og efterfølgende til Nordsjælland, hvor hun igen havde fundet en anden mand. Min mor pakkede en dag sine ting og tog min bror med sig. Hun spurgte dog mig, om jeg ville med, men det ville jeg bestemt ikke. Jeg havde jo dårlige erfaringer og oplevelser fra første skilsmisse, da jeg boede sammen med min mor, så nej ikke denne gang. Jeg har aldrig tilgivet hende, at hun bare kørte fra mig og lod mig være helt alene, min far var jo oppe i sin forretning. På det tidspunkt var jeg 14. år. Lige efter anden skilsmisse tog min far mig med til Kreta i Grækenland, hvor vi boede på Hotel King Minos Pallas. Det var en fantastisk ferie.

Siden dengang har Grækenland haft en speciel plads i mit hjerte, og jeg har sammen med min ekskone været på en del af de græske øer. Den rejse jeg altid vil huske, og som ligger mit hjerte meget nært var, da vi var på vores bryllupsrejse, som foregik på den græske ø Santorini. Et paradis af en ø, der er kendt for sine billedsmukke omgivelser og ikke mindst de fortryllende solnedgange ved Oia og de lyseblå hustage, som præger billedet overalt. Der er også bare så dejlig og veltilberedt mad i Grækenland, der virkelig kan få sat gang i smagsløgene. fx tzatziki, halloumi, moussaka og den stegte ost saganaki. Pia og jeg har efterfølgende besøgt Santorini 1 gang mere for at genopleve minderne fra dengang. Jo, det græske øhav kan sku noget.

Jeg har altid været meget aktiv i min barndom og teenageår. Jeg gik til fodbold, håndbold, svømning og badminton. Jeg blev udtaget til stævner i svømning og kom senere på talentholdet. Til fodbold blev jeg udtaget til Unionsholdet, det vil sige holdet inden U-21, men det var lige som om, at alt det sjove forsvandt, da det kom op på det professionelle niveau, så jeg droppede alt sport.

I folkeskolen klarede jeg mig middelmådig fagligt, og i de første klasser blev jeg mobbet grundet overvægt. Mobningen aftog senere i mit folkeskoleforløb, da jeg selv gjorde noget ved problemet. Jeg begyndte dagligt at løbe... Jeg bestod 10. klassetrin i 1989 og tog efterfølgende HG (Handelsskolens Grunduddannelse) på Nykøbing Falster handelsskole, og dernæst var det videre til Handelsskolen i Nakskov, hvor jeg tog H.H (Højere Handelseksamen) i årene 1990-1993. Jeg bestod, selvom jeg måtte gå et år om, på grund af fravær mest grundet druk.

Omkring 8. klasse og 15.-årsalderen, stifter jeg for første gang bekendtskab, med den kvinde jeg efterfølgende, i mit voksne liv, skulle være sammen med i 25. år. Pia, mit livs kærlighed min sjæleven. Pia gik på Sankt Birgitta skolen, som var en privat skole, som lå lige over for min kommunale skole, Borgerskolen. Pia og jeg havde fælles venner og var småkærester ind i mellem. På det tidspunkt gik jeg meget sammen med 4 knægte fra både min egen klasse (B-klassen) og min parallelklasse (A-klassen). Palle, Morten, Frank (Frank gik under navet Frank kvart i to, fordi hans fødder havde den retning, når han gik) og Anders "Elly". Ved ikke hvorfor, men vi fik altid rodet os ud i noget snavs, så vi var ikke så populære på lærerværelset. Vi blev ofte sendt på kontoret. Ind til Helle Jørgensen, som var skoleinspektør. Hun var noget af en skrap dame men dog også omsorgsfuld. Vi havde hende også som klasselærer, så det var ikke altid lige sjovt at komme i skole. På et tidspunkt købte vi cowboyjakker med samme rygmærke, og her fik vi tilnavnet "Bjørne banden".

Det gjorde bestemt ikke forholdet til vores lærere bedre, specielt ikke Helle og Grethe Jørgensen. Grethe var klasselærer for A-klassen.

Pia og jeg gik meget sammen i byen også med vores venner. Dette foregik på diskotek Mona Lisa i Maribo, og jeg husker specielt, når vi gik hjem, så skulle vi altid lige forbi den bedste bager i byen, Schrøder. Vi vidste, at der fra omkring kl. 4 var varme tebirkes og nybagt franskbrød, og der skulle også Nikoline kakaomælk og Buko smøreost til. Vi fortsatte efterfølgende hjem til Pia, som boede nede i kælderene i sin mors og fars hus på Mågevej, og der spiste vi så fælles morgenmad. Sådan gik det meste af 8.-9. og 10. klasse. Det var en skidegod tid. Der var knald på. Det var 80érne, når det var bedst.

Husker tydeligt, da vi skulle holde sidste skoledag i 9. klasse. Der startede vi hos Klaus fra min parallelklasse kl. 6 om morgenen med dram og øl. Senere videre til skolen, hvor vi skulle kaste med karameller ind til de mindre klasser. Vores 9. klasser både A og B, havde et utrolig godt sammenhold dengang, og sammen tog vi over i Lolland Centeret, hvor der på det tidspunkt lå en musik forretning. Der var de så søde at låne os et klaver. En af pigerne, Maiken, som var datter af den lokale skomager, kunne virkelig spille super klaver, og så gav vi den gas. Helle, Bennedikte, Rikke og Maiken sang højest og bedst. Sikke en fest. Senere på dagen, tog vi over til min farmor og farfars hus, der havde swimmingpool, hvor vi badede. Solen skinnede, og det var sommer, så vi havde købt en kasse øl til. Øllene kastede vi ned i poolen, så de kun holde sig kolde. Sidst på eftermiddagen, blev vi enige om at tage med færgen (Rødby-Putgarden) over , så vi kunne få fyldt alkoholdepoterne op. Og det blev der. Da vi igen var hjemme, tog vi op til Bettina, som boede lige på hjørnet af Vestergade og Suhrsgade i Maribo. Ja, lige i smørhullet. For lige til venstre lå Paletten, som var vores stam-værtshus og til højre lå diskotek Mona Lisa. Så selv efter 12 timer festede vi igennem og gik i byen indtil den lyse morgen.

Det var også på det tidspunkt, jeg kom i kontakt med en, som hed Ronni. Han var 2-3 år ældre end mig, men han blev på mange punkter en rigtig god ven. En ven man kunne sparre med og altid var der, hvis jeg havde brug for hjælp. Den negative bagside var, at der var meget alkohol, fester og byture involveret. Det gjorde det ikke bedre, at hans far og mor havde en kiosk (Vita) i Museumsgade i Maribo, som lå i forlængelse af deres hus og Ronni boede i skuret bag ved hovedbygningen, så vi havde altid alle muligheder for at skaffe alkohol og cigaretter ad libitum. Når vi var i byen, startede vi altid på værtshuset Paletten også selv om det var eftermiddag, for vi skulle jo starte et eller andet sted. Paletten lå oven på det gamle Irma. Her tilbragte vi rigtig mange timer meget af ugen igennem. Vi spillede billard og raflede om whiskey med ejeren, der hed Jon, og selvfølgelig var vi samme sted fredag og lørdag aften/nat. Paletten lukkede kl. 2 efter midnat, og så fortsatte vi på diskotek Mona Lisa, hvor vi festede igennem indtil kl. 4 om morgenen og nogle gange til kl. 5. Andre gange tilbragte vi kun fredag og lørdag på Mona Lisa fra de åbnede kl. 22 til kl. 4, men der havde vi allerede varmet godt op om eftermiddagen på Paletten. Det var nok en af grundene til, at jeg måtte tage det ene år om på H.H. Men lige pludselig var jeg også blevet noget ved musikken, fordi jeg gik sammen med Ronni, der også var et muskelbundt og lidt en slagsbror. Han var ikke en, man skulle lægge sig ud med, når vi var i byen, så jo man vidste, hvem vi var. Det var et win-win kammeratskab.

Jeg gik bybud for min far i fotoforretningen og for min farbror, som havde en EDC forretning i Maribo, så jeg kunne opretholde min økonomi i forhold til alle vores fester og byture. Min far var også god til, at give mig på forskud. Det var på en af vores byture, jeg mødte min første ungdoms kæreste. Ronni og jeg var som sædvanlig på Paletten for at drikke og spille billard, og der sad hun, Helena. Helena og jeg blev hurtige kærester. Jeg var meget forelsket. Der gik ikke længe, før Helena introducerede mig for sine forældre, Hanne og Leif.

Hendes forældre forpagtede et OK depot i Bandholm, hvor Hanne var på kontoret, og Leif kørte med olie. På det tidspunkt var jeg ca. 16. år.

Jeg var tit nede hos Helena i Bandholm, og der gik ikke længe, før jeg flyttede ind dernede. Vi fik lov af hendes forældre til at bo i overetagen i huset. Vi var sammen i over 3 år. På de 3-4 år nåede vi at blive forlovet, og jeg fik knyttet et utroligt tæt bånd med Hanne, Leif og Helenas lillesøster Camilla. De blev til den familie jeg aldrig selv havde haft. Jeg deltog aktivt i familiefællesskab og hjalp altid til, der hvor der var brug for det. Jeg var meget sammen med Leif, lørdag og søndag, hvor vi havde forskellige projekter kørende. For eksempel havde de et sommerhus ved Bredfjæld, hvor vi ofte kørte ned for at renovere. Helenas farmor havde også et sommerhus ved Køge strand, der også skulle holdes ved lige. Et dejligt område, som også var familiens fristed. Her var vi ofte om sommeren.

På det her tidspunkt var jeg i gang med, at tage H.H på handelsskolen i Nakskov. Jeg kan huske, at jeg blev fejret af hele familien i Havnegade på min 18.-års fødselsdag. Jeg plejede stadig mit venskab med Ronni, dog i lidt mindre grad end før, og på min fødselsdag fik den da også alt, hvad den kunne trække. En drik på Mona Lisa, som vi ofte bestilte, var en "Munkekande". Den bestod af en almindelig øl, en Porter, Pernod, snaps og appelsinjuice. En kande kostede 250 kr. og der blev bestilt mange.

Der var også her, hos Hanne og Leif megen alkohol involveret. Der blev gået til den også på daglig basis, dog ikke så meget, så det gik ud over familiefællesskabet og den tryghed, der lå i det. Når jeg ser tilbage på den tid, er det noget af det bedste, der er sket for mig, og det er mennesker, der stadig og altid vil have en helt speciel plads i mit hjerte. Leif døde desværre i 2018 på grund af længere varende sygdom.

Min verden kollapsede totalt en dag i 1991, da jeg fandt ud af, at Helena havde været sammen med min bedste ven Ronni, min kammerat. På det tidspunkt var jeg ca. 19 år og havde været sammen med Helena og hendes familie i tre og et halvt år. Det var en af de største tab i mit liv på det tidspunkt. Jeg blev nødt til at bryde med både Helena og Ronni, andet kunne jeg hverken leve eller forlig mig med. Så med et, havde jeg mistet min bedste kammerat, min forlovede og den kærlige familie i Havnegade i Bandholm. Jeg var grædefærdig og dybt dybt ulykkelig i lang tid. Jeg flyttede efterfølgende hjem til min far i en kort periode, hvor jeg fortsatte mit stadig stigende forbrug af alkohol og her tog rigtig fart.

Jeg har i 2021 lykkeligt nok fået genoptaget min gamle venskab med Ronni. Fast 2 gange om ugen taler vi i telefon sammen og vi var lige med det samme der igen, hvor vores venskab startede for nu over 30 år siden. Ronni, du skal have tak for, at du har valgt at være en del af mit liv igen, og herfra Viborg skal der lyde en helt specielt tak, til dig og din familie for al jeres støtte her 2021-2022. Gælder mig til 2023 og fremadrettet. Vores gode venskab udvikle vil udvikle sig yderligere, det er jeg helt overbevist om.

En eftermiddag da jeg vej ind til Maribo By på gåben, stødte jeg ind i min første ungdomsflirt, Pia. Vi stod og snakkede lidt sammen, og vi havde ikke set hinanden i flere år, så vi blev enige om at gå en tur på Byfogeden, som dengang var et spisested og samtidig et værtshus. Her sad vi bare og snakkede, som om vi aldrig havde være adskilt. En del øl og et par timer senere blev vi enige om, at lave aftensmad sammen. Så vi gik i Super Brugsen og købte bøffer og rødvin. Pia boede dengang i "Madhouse". Et lille kollektiv af små lejligheder på Østre landevej i Maribo. Pia havde der et enkelt værelse med kogeø. Vi lavede mad sammen ude i fælleskøkkenet og sad bare og snakkede efterfølgende. Lige med et begyndte Pia at kysse mig blidt og det blev startskuddet til de bedste 25 år af mit liv. Der gik ikke længe, før jeg flyttede ind til Pia i "Madhouse". Her blev der også festet igennem. Beboerne her havde også et godt sammenhold.

Jeg husker specielt en, der hed Jesper. Han gik under navnet Jesper Joppe. Jesper var en motorcykel- dreng. Efter et stykke tid i"Madhouse" fyldte Jesper 30 år, og her blev Pia og jeg inviteret. Festen blev holdt ude i forsamlingshuset i Hillested nær Maribo. Det er nok den største ungdomsfest, jeg indtil dato har været med til i venners lag. Jesper havde inviteret alle sine Biker-venner fra Holland og Belgien plus det løse. Tror vi var en 50-60 unge mennesker. Drengene fra Belgien ville lære mig at drikke deres specielle æblesnaps, og det gjorde de også noget så eftertrykkelig.

Med tiden, blev Pia og jeg enige om, at flytte rigtig sammen, så vi lejede en lejlighed i Vestergade i Maribo. Pia arbejde på tankstationen Haar, og jeg havde midlertidigt fået arbejde på færgerne ved Rødby-Puttgarden, som mandlig medhjælper. Det var hovedsagelig nattevagter og meget lidt dag, men det var jo lige vand på min mølle... Alkohol og cigaretter ad libitum og så toldfrit.

Pia blev gravid i februar/marts 1993, og det var ikke planlagt, men vi er begge meget enige om, at gennemføre det med liv og sjæl. Vi søgte hurtigt noget større at bo i, og fik en lejlighed i Blæsenborg Parken også i Maribo. Den 14. november 1993 blev vores datter Marie-Louise født. Det smukkeste barn verden indtil dato har set. Vi vare bare taknemmelige og utrolig lykkelige.

I 1993 startede jeg inden for faget Handel & Service, hvor jeg tog en Erhvervsuddannelse. Jeg stod i lære i Super Brugsen Stokkemarke. Min chef Børge "Brugs" var Brugsuddeler, en mand Leif dengang havde introduceret mig til. Leif leverede Olie til Brugsen og jeg kørte ind i mellem med på turene. Her blev jeg i 1995 uddannet Butiksassistent efter 2 år.

Ca. 1 år efter jeg blev udlært i Super Brugsen, altså i 1996, skiftede jeg kæde og blev Souschef i Netto (Dansk Supermarked) i Maribo, hvor jeg var i 5 år. I 2002 fik jeg en stilling som Uddelerassistent i Super Brugsen i Nakskov. Butikken bliver desværre lukket efter 1 år, af dengang hovedsædet FDB. I start 2003 blev jeg souschef i Fakta Vordingborg og senere fik jeg min egen forretning, som Butikschef i Fakta Nakskov. Sjovt nok i de samme lokaler, hvor jeg dengang var Uddelerassistent i Super Brugsen i 2002. Jeg nåede at være indenfor Handel og Service i 12 år indtil et stigende overforbrug, af alkohol satte en stopper for min karriere i den Branche. Jeg blev fyret som Butikschef i Fakta.

I Blæsenborg Parken blev det hurtig daglig dag med vores lille ny, som pludselig var blevet 3 år, men vi ville gerne have vores helt eget, så vi bestemte os derfor at købe hus. Vi købte hus på Banevej 6 i Maribo, og faktisk var det lige vejen efter Mågevej, der hvor Pias barndoms hjem lå. Pias forældre boede der stadig, men flyttede efter et stykke tid i noget mindre. Pias søster Tina, som var gift med Jan og som senere blev min svoger, overtog huset og boede der i nogle år før de blev skilt. Jan og jeg har også taget nogle ordentlige ture med alkohol.

Mit forbrug af alkohol tog mere og mere til, og på et tidspunkt havde Pia fået nok. Hun ville stoppe vores forhold og sælge huset på Banevej. I en periode byttede jeg værelse med min datter, som flyttede ind i soveværelset til sin mor. Jeg sad praktisk talt på en ølkasse på min datter Maries værelse, hvor jeg havde isoleret mig totalt for omverdenen. Jeg drak bare. En dag ville Pia flytte ud af huset med vores datter, da hun ikke kunne holde det ud længere. Huset var på det tidspunkt sat til salg, men ikke solgt endnu. Jeg blev med et helt alene med mit misbrug og det er her jeg greb knoglen og ringede til min far. Min far havde gennemført et behandlingsforløb på Taarup Behandlingscenter på Møn i 2001 som 54-årig. Han var nu var kommet ud på den anden side, efter at have mistet sin foto-forretning, ja alt. I dag ville min far have været ædru på 20-ende år. I den tid jeg havde en ædru far, fik jeg al den nærvær, som jeg ikke fik som barn og teenager. Jeg sagde til ham i telefonen, at nu var jeg klar til Minnesotabehandling.

Min far sagde med det samme ok, og hentede mig et par timer senere for, at køre mig til Taarup Behandlingscenter på Møn. Jeg blev senere overflyttet til Tjele/Søgaarden, som ligger i Hobro i Jylland, da min far efter sin behandling var blevet vagt på Taarup, så der var en interessekonflikt der.

Allerede fra de tidlige teenageår og frem til 30-årsalderen havde jeg udviklet et større og større alkoholmisbrug, ja man kan sige jeg gik i min fars fodspor lige hvad det angår. Jeg gennemgik frivillig Minnesotabehandlingen på 7 uger på Søgaarden i 2004 , som efterfølgende var med til at stoppe mit misbrug i en alder af 32 år. Det medførte en enorm forandring af mit liv, totalt i positiv retning. Jeg var efterfølgende ædru i 11 år indtil 2015, hvor jeg ikke rørte en dråbe alkohol og hvor jeg passede mine AA møder 2 gange om ugen, mediterede og huskede at læse i AAs bøger. Det kræver hårdt arbejde at være i behandling, men endnu hårdere arbejde at komme hjem, men hvis man arbejder for det, har man alle chancer for at komme ud på den anden side, og få et godt og stabilt liv . Det er nok svært for andre mennesker at forestille sig, hvilke livsværdier og venskaber der bliver knyttet på et behandlingssted. Alle på Søgaarden var i samme båd, inklusiv mig selv. Vi var alle misbruger/afhængige, men det bånd der blev knyttet mellem os i behandlingen er ubeskriveligt og meget meget effektivt, men som sagt skal der arbejdes hårdt for det. Efter jeg kom hjem fra Søgaarden, var det en hel ny verden jeg kom hjem til. En verden med alkohol alle steder og mange ting der hele tiden skulle overvejes. I starten var det svært meget svært, men med årene blev det lettere og lettere. Jeg skulle også finde en eller anden form for beskæftigelse, så jeg kastede mig over IT-verdenen, som dengang var Microsofts Windows 98. Jeg har indtil dato fulgt denne udvikling tæt. I dag hedder det jo Windows 11 og jeg har fulgt med i snart 25 år. Efter min Minnesotabehandling skiftede jeg mine livsværdier ud. Værdier som jeg igennem mit arbejde indenfor Minnesota, gerne ville dele med andre, og som andre måske også kunne drage nytte af. Pia og jeg fandt sammen igen og blev enige om at starte forfra. Give det en chance til.

Jeg starter som omsorgsmedhjælper på en af Kofoedsmindes (Institution for domsanbragte udviklingshæmmede) lukkede afsnit i 2005, hvor jeg havde min gang i fire og et halvt år. På afdelingen blev der arbejdet på lige fod med pædagogerne, og dette gav mig muligheden for pædagogisk indsigt, plus læring om samarbejdet i en stor personalegruppe. Jeg synes selv, at være god til det skriftlige arbejde, så som udarbejdelse af handleplaner og skrivelser til advokater m.m... Det lå ligesom til mig. Sideløbende med mit daglige arbejde på afdelingen, havde jeg udvidet mine kompetencer på forskellige områder, for netop at kunne tilbyde og bruge disse i den pædagogiske tilgang til beboerne. En tilgang, jeg følte jeg havde succes med. Det første kursus/skoleforløb jeg deltog i, var projektet KOMBI (Kompetence, Omsorg, Muligheder, Behov, Interesser) fra 2006-2007, som forløb over 16 uger. Dette projekt gav mig større viden/færdigheder i psykologi, pædagogik, social pædagogik og socialpsykiatri. Jeg var også startet i Misbrugsgruppen på Kofoedsminde. Jeg gennemførte et efteruddannelsesforløb (NDU), hvor der blev arbejdet med misbrugsproblematikker, gråzoneproblematikker og personlighedsforstyrrelser, samt andre problemstillinger/dilemmaer, som ofte følger med i kølvandet, når man arbejder med mennesker udenfor normalområdet, og som samtidig også har dobbeltdiagnoser og misbrug ind over. Medio december 2007 blev jeg færdig med den REGIONALE MISBRUGSUDDANNELSE.

Pia og jeg havde solgt huset på Banevej 2004/2005 og havde nu købt et hus på Skelstrupvej 66 i Maribo. Vi boede ellers i lejlighed en overgang efter huset på Banevej, men Pia savnede sin have og sin bevægelsesfrihed. På Skelstrupvej havde vi de bedste år sammen. Jeg var alkoholfri/ædru og Pia havde fået et flexjob, som sekretær på sin bardomsskole Sankt Birgitta.

Pia har siden sine teenageår haft begyndende fibromyalgi. Denne sygdom er uhelbredelig og bliver kun værre med årene. Pia var nu til tider så dårlig, at jeg nogle gange må tage fri for arbejde, for at passe på hende. Hun fik tildelt hjælpemidler af Kommunen, så som stok og kørestol. Til tider kunne hun ikke komme ud af sengen, og jeg måtte hjælpe hende med det allermest praktiske, så som badning og de huslige pligter.

Selv var jeg i fuld gang med arbejde, overarbejde og når tiden var til det, sort arbejde. Samtidig passede jeg hus og have, ja jeg holdt en overgang stort set slet ikke fri. Det var kun når vi tog på ferie sammen jeg holdt fri. Ferie til det græske øhav betyder utrolig meget for os begge. Det var en meget høj prioritering fra vores side. Pia og jeg elsker Grækenland og har været på Halkidik, Kreta og på Santorini. Santorini 2 gange. Engang tog vi til Tunesien, hvor Marie havde fået lov til at tage en veninde med, Michelle. Vi havde bestilt all-inklusiv, så de to teenage-tøser bare kunne hente hvad de ville. De ville nemlig gerne være ved pool-området og Pia og jeg, er mest strand mennesker. Selvom vi fandt ud af, at Tunesien godt kan være et anstrengende land at være i, så havde vi alle bare en fest af den anden verden og teenagepigerne indtog hele reesortet med liv og sjæl. Ser stadig, med meget stor glæde og hjertevarme, billeder fra dengang, og mindes de 14 dejlige dage vi tilbragte der.

Vores datter er nu blevet en vaskeægte teenager, og hvad alt det føre med sig. Hun havde det til tider meget svært i folkeskolen, i forhold til det kammeratlige, men det blev heldigvis meget bedre med tiden. I dag er Marie 29 år og hun har stadig veninder fra dengang. Marie-pigen klarede sig middelmådigt i folkeskolen, men jeg skal da lige love for, at hun er kommet efter det. Hun tog først uddannelsen til SOSU- Hjælper og i forlængelse af den, læste hun videre til SOSU-Assistent. Disse to uddannelser, tog hun på SOSU-Skolen i Nykøbing Falster og bestod med Bravur og UG-kryds og Slange. Pia og jeg kunne ikke blive mere stolte af vores lille pige, som pludselig ikke var lille mere. Marie havde udviklet sig til en utrolig køn ung dame med ben i næsen, og havde nu samtidig, en flot flot uddannelse bag sig. Hun var dermed klar til arbejdsmarkedet og er PT ansat indenfor psykiatrien. I kølvandet på det, har fundet den bedste mand, Ronni. Den dejligste svigersøn man kan tænke sig. Sød, kærlig og omsorgsfuld. Ronni er udlært bager, men kunne ikke helt forlig sig med arbejdstiderne, så han begyndte på pædagoguddannelsen og bestod selvfølgelig, flot flot. Først flyttede Marie og Ronni ind i en lejlighed på Østre Boulevard i Maribo, men efter Marie blev gravid, flyttede de ind i nogle nye lejlighedshuse, der blev bygget i Maribo. De har bare fået de dejligste 2 børn, mine børnebørn. Andy på 4 år nu og Luna-pigen på næsten 3 år. Er det ikke bare fantastisk!!Jeg kan næsten ikke være i mig selv eller få armene ned. Marie og Ronni er bare så gode sammen, og gode for hinanden, og gode for børnene. Ronni og Marie er blevet gift og fremstår som et utroligt harmonisk par, med to fantastiske børn.

Nå, men for at vende tilbage til virkeligheden og min tid på Kofoedsminde, så var det en god arbejdsplads, med mange gode og dejlige kolleger. Men der kom en dag, hvor der blev sat en stopper for min gode udvikling. En dag der skulle forfølge mig resten af livet!! Under ansættelse på Kofoedsminde i årene 2005-2009 havde jeg over 25 magtanvendelse og utallige verbale trusler om vold, samt 3 besøg på skadestuen med trykkede og brækkede ribben. Sidst i min ansættelse, blev jeg også udsat for stæk chikane og mobning af min forstander, men jeg var ikke den eneste medarbejder, der havde været under hans nådesløse behandling. Mange af mine kollegaer, var i den forbindelse langtidssygemeldt og psykisk nedbrudt. Det hele startede, da jeg på et tidspunkt valgte at holde et foredrag på en temadag, som kun var for Kofoedsmindes personale og hvor emnet var misbrug. Jeg valgte at fortælle om mit liv, som aktiv alkoholiker og med alt det som det havde ført med sig. Efter foredraget, fik jeg kun anerkendelse af mine kollegaer. Et par dage senere mødte jeg ind på arbejde, for at finde ud af at min forstander havde valgt, at udgive et resume af mit foredrag med billede og navn i Beboerbladet og på Kofoedsmindes egen hjemmeside uden mit samtykke.

Beboerbladet bliver omdelt til alle Kofoedsmindes beboere. Jeg var i chok. Mit liv som aktiv alkoholiker og mine familieforhold, var pludselig blevet offentlig læsning. For ALLE... Jeg prøvede at komme i en fornuftig dialog med min forstander omkring dette, men uden held. Han var ligeglad. Jeg valgte derfor at køre sagen videre med en advokat. Min forstander slap billigt, med en bod på 10.000 kr. og en skriftlig erkendelse om, at han havde handlet uhensigtsmæssigt. Det skal siges, at Kofoedsminde huser nogle af Danmarks farligste kriminelle. Den dag i dag har jeg derfor adressebeskyttelse og hemmelig/skjult telefonnummer. Næste 100 medarbejder og deres fagforeninger 3F/SL/FOA havde nu fået nok, og kørte sagen til højeste sted, Region Sjælland og dennes øverste chef indenfor det sociale område. Sagen kom i medierne og alle medarbejdere blev nu hørt. Dette resulterede i fritstilling og "før pensionering" af vores forstander. Høringen og undersøgelsen stod på i 3 måneder. Efterfølgenden troede alle nu på, at medarbejderne på Kofoedsminde ville få beder vilkår. For nogen medarbejder ja, men der blev efterfølgende udsendt meddelelse om, at der skulle gennemføres en personalereduktion. Det skulle vise sig, at det egentlig handlede om, at få fjernet det personale, der stod stærkest sammen og specielt dem der havde været med i "førebunkeren" i forhold til mistillidserklæringen, til vores nu forviste forstander. Det vil sige dem, der havde arbejdet ihærdigst for at få forstanderen fjernet, blev nu elimineret i fyringsrunden. Inklusiv undertegnet. For mellem linjerne kunne vi godt fornemme, hvad sagens kerne var... Instituationen Kofoedsmide kunne jo ikke have en personalegruppe, der sammen var så meget stærkere end selve ledelsesgruppen. Mistillidserklæring og i den forbindelse Region Sjællands efterfølgende undersøgelser og selve fyringsrunden tog sammenlagt over 6 måneder. Jeg havde derefter en periode på over 2 år, hvor jeg havde store metale og psykiske problemer. Jeg har haft 3 forskellige psykologer og 1 psykiater tilknyttet, netop på grund af storkonflikten og den efterfølgende eliminering af personalet på Kofoedsminde. I 2010 fik jeg anerkendt en psykisk arbejdsskade med diagnosen F43 i arbejdsskadestyrelsen (AES), det vil sige PTSD med anerkendt meengrad og erstatning. Min arbejdsskadesag tog over 1 år, før jeg fik den anerkendt. Jeg har flere speciallægeudtalelser og de kommer alle sammen frem til den samme konklusion. Nedenstående er fra 2010.

Citat fra psykiater, *" **Det drejer sig om en 37-årig mand, der har været udsat for en volds**om **arbejdsskade på Kofoedsminde, hvor han har været efterladt med en personlighedsmæssig skrøbelighed. Han er nu blevet afskediget fra sit arbejde. Han har over de seneste måned**er **reageret med udvikling af påvirket humør, angst, forstyrret nattesøvn ledsaget af mareridt og invasive erindringer. Det drejer sig om en belastningsreaktion og depression, der er aktiveret i forbindelse med en arbejdsmæssig påvirkning, i så stort et omfang, at der nu er tale om tilstedeværelse af PTSD. Der er indledt relevant behandling i forhold til medicin og samtaler. Jeg vurderer ud fra min aktuelle viden, at prognosen mht. genetablering af arbejdsevne i fuldt omfang er dårlig. Psykiater Boris V."* Citat slut.

Fra 2009-2010 arbejdede jeg på den Matrikelløse Døgninstitution i Næstved, som hovedsagelig beskæftiger sig med udadreagerende, sanktionsdømte og svært utilpassede drenge og piger i alderen 12-23 år. Der var jeg kun i et års tid, fordi en tidligere mellemleder fra Kofoedsminde, omkring årsskiftet 2009/2010 blev ansat som projektleder på institutionen. Det var en leder, jeg havde rigtig dårlige erfaringer med. Jeg havde tidligere på Kofoedsminde oplevet et modsætningsforhold til netop hende, og hvor jeg oplevede mig chikaneret. Jeg kan beskrive det sådan... Hun var en af den nu "pensioneret" forstanders lakajer dengang, og var en medvirkende årsag til, at jeg blev afskediget fra Kofoedsminde i elimineringsrunden. Samtidig havde hun indledt et forhold til den nu forhenværende forstander. Hvor uheldig kan man være. En måned efter at hun var tiltrådt, blev der indledt en fyringsrunde på Den Matrikelløse Døgninstitution grundet, at Kommunerne tog deres borgere hjem af økonomiske årsager. Jeg var i første omgang blev forsikret om -via min tillidsmand, at jeg ikke var på listen over de personer, der skulle afskediges. Senere fandt jeg dog ud af, at mit navn alligevel og meget pludselig var kommet på listen med afskedigelser. Der blev indledt afskedsprocedure - primært begrundet med, at der var mangel på arbejde i netop det projekt, jeg var knyttet til på institutionen, og at det derfor skulle nedlægges.

Jeg valgte denne gang ikke at følge kampen til dørs! Kofoedsminde-sagen havde kostet mig alt alt for mange ressourcer, og jeg var menneskeligt og sjæleligt meget slidt. Jeg måtte derfor nu vælge mine kampe med omhu.

Efterfølgende har jeg arbejdet 2 år i Lolland Kommune fra 2010-2012, hvor jeg beskæftigede mig med både § 85 og § 108 borgere. § 108 var en speciel afdeling i Krogsbølleparken i Naksov. Her var der primært mennesker med Downs-syndrom og autisme. Et arbejde jeg var rigtig rigtig glad for og hvor vi havde en perfekt personalegruppe, men igen igen blev jeg uenig med ledelsen, også selvom min utilfredshed var velbegrundet og veldokumenteret. Denne kamp tog jeg heller ikke. Jeg sagde selv op.

Siden da har jeg fra start 2013 og frem til maj 2014 arbejdet som Netværksmedarbejder på Asylcenteret i Rødbyhavn, hvor min hovedopgave var kontakten til Asylansøgerne og formidlingen/opfølgning af deres personsager til blandt andet Udlændingestyrelsen, Justitsministeriet, Politiet, Advokater og Sandholmlejren. Centeret lukkede efter 1 år, da antallet af asylansøgere i Danmark er stærkt faldende.

Sidst men ikke mindst har jeg arbejdet ved Atriumfonden start 2014. Atriumfonden havde flere huse fordelt på Falster. Jeg blev placeret i huset Orupgaard, hvor vi arbejdede med paranoid-skizofrene borgere på flere niveauer. En kæmpe udfordring, men også utrolig spændende. I 2016 blev jeg udsat for et knivoverfald på arbejde, og herfra gik mit liv hurtigt ned af bakke, for ikke at sige jeg mistede alt... Knivoverfaldet var bare dråben, der fik bægeret til at flyde over. Jeg er sikker på, det har været en af de faktorer, der gjorde, at jeg fik tilbagefald.

Ved de sidstnævnte arbejdspladser og efter Kofoedsminde sagen, har jeg haft svært ved at håndtere autoriteter, herunder inkompetent lederstil, samt dominerende og konfliktsky ledere, Dette har resulteret i en del sammenstød mellem ledere og mig selv. Her i 2022 slås jeg stadig med min PTSD. Arbejdsskaden fra Kofoedsminde, som i alle de år har hængt over mig, som en skygge der ikke vil give slip.

Året 2015, og ved min sidste arbejdsplads indenfor psykiatrien i Atriumfonden, vågnede jeg en morgen op efter en døgnvagt og kunne ikke mærke min venstre side. Det viste sig efter en MR scanning, at jeg havde fået 2 diskusprolapser i nakken, som jeg senere blev opereret for. Pia og jeg skulle til Grækenland en uge efter operationen, så med smertestillende Morfin i lommen og mentalt depressiv og ned til varmen og kolde fadbamser og ja, så var Nicki i gang igen.

Jeg skruer lige tiden tilbage til før mit tilbagefald og til den dag Pia og jeg blev gift, den 18. september 2010. Brylluppet blev holdt på et gammelt høloft på Bed and Breakfast, Skelstrupvej 32 i Maribo. I dag kaldt Skelstrupgaard Apartments. Vi havde valgt netop dette sted for, at vi så selv kunne sætte vores personlige præg på festens omgivelser. Der var en bar nede bagerst på loftet, og borde og stole kunne vi låne på stedet, så langt så godt. Vores dengang dejlige veninde Marianne hjalp os meget med at dække op og dekorere. Efterhånden tog det hele form, og omgivelserne var nu i orden. Vi havde bestilt buffet, med grillmad som folk kunne hente ved grillmesteren, som vi havde lejet til samme formål. Vi havde også arrangeret to piger til at passe køkkenet og til at servere. Jeg måtte jo ikke se bruden før brylluppet, så jeg flyttede ind hos min bedste ven Jan (Jan var før gift med Tina, Pias søster) og hans kæreste Lone. Det passede fint, fordi Jan skulle være min forlover. Brylluppet skulle stå i Hunseby kirke, den samme kirke som Marie var døbt i, skulle danne rammen om vores ja til hinanden. I Med- og Modgang. Pias far skulle føre sin datter op af gulvet, og da hun trådte ind i selve kirken for at blive ført til alters, fik jeg tårer i øjnene. Den smukkeste brud trådte frem i lyset. Pia skulle nu blive min for altid, foran gud og menneskene. Efter vielsen kørte vi til Hunsebys Bed and Breakfast, hvor festen jo skulle afholdes. Vi havde lejet værelser til dem, som kom langvejs fra. Jeg husker det, som var det i går. Minderne fra den fest har brændt sig ind i min hukommelse. Det blev formidabelt. Vi havde inviteret tæt på 40 gæster, og alle havde på forhånd fået at vide, at det skulle være ren afslapning af en fest, og det blev det. Alle hyggede sig, og alt gik bare glat igennem. Jeg glemmer det aldrig. Det er noget af det mest fantastiske, jeg har oplevet lige bortset fra Mariehønens fødsel. Lige i det splitsekund, kunne jeg se tilbage på mit liv, med lys i øjnene og føle mig lykkelig og velsignet.

Pia, selvom vi blev skilt i 2018, forandrer det ikke mine følelser over for dig. Du vil ALTID være mit livs kærlighed og livsledsager. 25 år er ikke noget, jeg bare kan ignorere eller kassere. Jeg savner din nærhed, din kærlighed, ja hele dig. Du er brændt ind i mit hjerte, og jeg savner dig enormt hver dag, men det er noget, jeg skal leve med resten af mit liv. Mit ønske for fremtiden er, at vi igen kan være sammen på vennebasis. Jeg er godt klar over, der er en regning, der skal betales, og den betaler jeg af på hver dag. 2 år er lang tid, og for hver dag der går, tager savnet en lille bid af min sjæl. Det samme gælder i forhold til Marie, Ronni, Andy og Luna. Jeg tænker på... Hvad sker der med mig, når sjælen giver fortabt, når der ikke er mere at gi´ af ?
Pia, jeg elsker dig stadig på min måde. Du vil altid have en helt speciel plads i mit hjerte, sammen med de dejlige minder vi har. Der er ikke noget i hele verden, der kan tage det fra mig. Vi sagde jævnligt til hinanden, "FOR EVIGT". Tænk, at noget så smukt kan blive destrueret på rekordtid. Det er ubegribeligt, og det er stadig ikke gået helt op for mig, for 25 år er lang tid at være forbundet. Jeg vil ALDRIG glemme dig. Jeg ved godt, at jeg har sagt det gentagne gange i denne bog, men Pia du vil altid være hos mig sjæleligt, og jeg vil altid elske dig. Jeg ved ikke, hvad fremtiden bringer, men jeg vil helt sikkert prøve at få det bedste ud af den tid, jeg har tilbage og forhåbentlig med tiden, sammen med jer.
Min selvbiografi er også ment som en gave, et minde fra dengang jeg var et helt menneske, og noget I kan tage med jer, som mit fingeraftryk i jeres liv. Biografien rummer også alt det, der har tynget mig igennem årene, men det har også været med til at udvikle mig, til det menneske jeg er i dag, på godt og på ondt. . Jeg har altid kæmpet for retfærdighed og for min familie. Pia jeg vil ALTID elske dig ubetinget.

Efter min operation af diskusprolapser i 2015 og knivoverfaldet på arbejdet i 2016, gik jeg sygemeldt i to og et halt år, hvor jeg begyndte at drikke igen efter 11 års ædruelighed. Er dette muligt, og svaret er desværre ja, hvis man bliver skubbet lang nok ud over kanten. Mængden af alkohol jeg indtog ved starten af mit tilbagefald, svarede til det den mængde jeg indtog da jeg sluttede i 2004, og mit indtag var meget progressivt. Jeg blev på et tidspunkt indlagt på sygehuset med en promille på 4,8, og mens jeg lå til observation fik jeg en blodprop i hjernen. Min krop var total overbelastet og i alarmberedskab. Jeg blev hurtigt kørt til Roskilde sygehus til behandling, dette var medio 2016. Heldigvis slap jeg nogenlunde billigt. Jeg har nu hukommelsesbesvær, øget træthed, koordinations besvær og følelsesforstyrrelser i hele venstre side af kroppen. Jeg gik til genoptræning i 3 måneder efterfølgende.

Samme år (2016) var jeg til en anden speciel udredning. Denne gang hos en anden psykiater. Hendes sammenfatning lyder således, citat, *" Aktuelt har undersøgte den 28.05.2016 under ansættelse hos Atriumfonden i Nykøbing F, været udsat for at trues med en halvlang urtekniv. Undersøgte følte sig i livsfare. Dette har reaktiveret den tidligere PTSD. Undersøgte fik et massivt recidiv af alkoholmisbrug. Blev indelukket, angst, fik søvnforstyrrelser, mareridt og flashbacks. Blev efter to uger deprimeret med dødsønske og blev derefter indlagt på Oringe (psykiatrisk skadestue i Vordingborg). Er anspændt, lydoverfølsom og lider nu af social angst. Har været behandlet i depressionsgruppe i Regionspsykiatrien og er i antidepressiv behandling med Venlafaxin 225 mg og angstdæmpende Lyrica 600 mg, samt Mirtatazapin 45 mg til natten. Nicki får MAX dosis af disse preperater. Nicki´s tilstand er angiveligt ikke væsentligt bedret end ved indlæggelsen på Oringe. Og den synes således ikke optimalt behandlet. Som en komplikation fik undersøgte den 22.06.2016, dvs. ca. en måned efter traumet på Atriumfonden, en blodprop i hjernen. Der lette somatiske følger, og ved samtalen får man indtryk af cerebrale følger. Disse cerebrale følger vil vanskeliggøre yderligere behandling i forbindelse med det planlagte pakkeforløb for PTSD i Regionspsykiatrien. Sammenfattende må det udtales, at der er tidsmæssigt sammenfald mellem den traumatiske hændelse den 25.05.2016 og undersøgtes psykiske problemer. Der findes ingen konkurrerende sager til Nicki´s tilstand. De psykisk belastende forhold kan være medvirkende til blodprop i hjernen. Alkoholmisbrug og stort tobaksforbrug kan være konkurrerende faktorer til blodprop i hjernen. Undersøgte opfylder icdl O kriterierne for PTSD. Denne tilstand er forværret af den cerebrale lidelse. Han fremstår nu svært handicappet, og har næppe helt erkendelse af sin tilstand. For afklaring af den cerebrale komponent kan foreslås en neuropsykologisk undersøgelse. Psykiater, Birgit S."*, citat slut.

I 2017 var jeg hos Neuropsykolog, og jeg citerer hendes konklusion, citat, *"På baggrund af journaloplysninger, anamnese, neuropsykologisk prøvetagning og samtale med patienten må det konkluderes at patienten har Psykologiske forstyrrelser i form af angst, irritabilitet,støjfølsomhed, behandlingskrævende depression og Kognitive forstyrrelser i form af nedsatindprentning af ny information, nedsat opmærksomhed, koncentration, psykomotorisk tempo og personlighedsforandring.Patientens symptomer er forenelige med et Posttraumatisk belastnings reaktion (PTSD). Prøveresultaterne er gennemgået med patienten, og jeg har anbefalet, at han får tilbud omådgivning/kognitiv træning, med henblik på kompenserende strategier. Det aftales at jeg sender henvisning til ViSP (Videnscenter for special pædagogik). De aktuelle neuropsykologiske undersøgelsesresultater viser at patienten har kognitive vanskeligheder i form af besværet opmærksomhed, nedsat arbejdshukommelse og indprentning af ny information, ligesom det mentale forarbejdsningstempo er nedsat. Susanne S, Neuropsykolog"*, citat slut.

Mens jeg var sygemeldt og gik hjemme, oparbejdede jeg en spillegæld i kviklån på 650.000 kroner. Den pige, jeg havde været sammen med i 25 år, og havde kendt siden teenagealderen gik fra mig, og i 2018 blev vi skilt. Vi mistede hus og bil, ja alt af værdi og i bund grund var det min skyld. Mit igen opblussende misbrug, var årsagen til min uansvarlighed. Dette sammenlagt med min personlighedsforandring, PTSD, men efter blodprop, diskusprolapser og ikke mindst knivoverfaldet, stod jeg nu i mit livs krise. Jeg havde nu mistet alt. Alt, undtaget min voksne datter på dengang 27 år, mit et og alt. Mit livs lys og kærlighed. Jeg har i dag en samlet gæld 2.5 millioner. Pia havde pakket sine ting dengang, og var flyttet op til en veninde, Pernille som også boede i Maribo. Marie stod nu alene med en totalskadet far, der var dybt alkoholiseret og fyldt med selvbebrejdelse.

Jeg blev tilbudt at flytte op til Marie og min svigersøn Ronni på Søndre Boulevard til observation. Jeg accepterede. Pia flyttede tilbage til huset, efter jeg var væk og boede der indtil den dag, huset blev solgt på tvangsauktion. Senere fik jeg min egen lejlighed i Østre Park i den nye blok også i Maribo. Dejlig lejlighed, med højt til loftet og stor glasaltan. Marie og jeg har altid været meget tætte, ja nok noget af det tætteste to mennesker kan komme på hinanden, sjæleligt. Vi kunne snakke om alt, og igennem hendes opvækst var det altid mig Marie kom til, når der skulle snakkes følelser, eller når hun var ked af det. I dag bekræfter det mig i, at selvom jeg har været alkoholisk afhængig, i meget af hendes tidlige barndom, så har jeg gjort noget rigtigt. Jeg har altid og vil altid være der for det dyrebareste jeg har. Nemlig dig Mariehønen. Jeg har kæmpet for dig og mor lige indtil det sidste, lige indtil jeg ikke kunne mere.

Alt blev bare for meget, min verden stod til sidst ikke til at rede. Arbejde, overarbejde, sort arbejde, diskusprolaps, arbejdsskader, PTSD, knivoverfald og ikke mindst en blodprop i hjernen. Lige på det tidspunkt, hvor du stod alene med mig på Skelstrupvej, og Pia var kørt, der havde jeg tabt kampen. Først og fremmest havde jeg glemt mig selv i hele forløbet og i forbindelse med det, havde jeg så også svigtet min familie. Det jeg havde kæmpet så hårdt for at beholde, var nu splittet ad.

For at vende tilbage til mine utallige behandlinger og indlæggelser, så var jeg Medio 2015 i tilbagefaldsbehandling på behandlingscenteret Sjælland/Karrebæk i 3 uger. I 2017 var jeg igen i tilbagefaldsbehandling i 3 uger, denne gang på behandlingscentret Tjele, Vingehus. I behandlings øjemed har jeg selv brugt ca. 150.000 kr. i egenbetaling på bare 3 indskrivelser (2004, 2015, 2017). Ved alle 3 behandlinger arbejdede vi med noget meget meget relevant, faresignaler og karakterdefekter.

En af mine højrisiko og tilbagefalds symptomer er stres. Jeg må ikke have for mange bolde i luften, heller ikke selvom jeg føler jeg kan gå på vandet (KEEP IT SIMPLE).

Det er vigtigt, jeg får hvilet midt på dagen og tage et hvil (timeout), når jeg føler udmattelse. Jeg skal være opmærksom på sult... Jeg må ikke gå og være sulten i løbet af dagen. Jeg skal passe mine måltider. Morgen, middag og aften.

Jeg skal passe på situationer, hvor min retfærdighedssans kan tage mig inden om. HUSK, at stoppe op og reflekter inden handling!

Jeg skal specielt passe på tanker omkring fortiden, men ikke ønske at glemme den. Fortiden kan for mig, være en af mine værste fjender og den skal holdes i skak. Her tænker jeg på mine tanker omkring svigt, afmagt, vrede, frustration og selvhad. Alle disse karakterdefekter, skal ses i forbindelse med en helt konkret følelse. Følelsen af ikke at have slået til som menneske, far, morfar, ægtemand, og søn.

Siden 2016 har jeg haft 72 indlæggelser flere forskellige steder, på grund af alkoholmisbrug og alkoholforgiftning. Her i blandt Psykiatrisk skadestue 26 gange, hospitaler på akutafdelingen i alt 35 gange. På Socialmedicinsk afsnit Saxenhøj, har jeg været indskrevet 7 gange, af tre ugers varighed. I 2018 blev jeg indskrevet på Horisonten i Maribo, som er et Socialpsykiatrisk Bo tilbud, for voksne med adfærdsforstyrrelser og angst. Jeg blev udskrevet 6 måneder senere. Det, som jeg troede skulle blive mit sidste stop, var på det Socialpædagogiske opholdssted Fabianhus i Nordsjælland, hvor jeg var i 8 måneder i 2019. Tiden viste desværre noget andet. Alt i alt har det været meget små skridt i den positive retning, der er blevet taget, men jeg lever stadig i håbet, om et fremadrettet godt og ædru liv, selv efter utallige nederlag igennem de sidste 8 år. Jeg har igen og igen rejst mig, og vist viljestyrke og livsgejst. Jeg fik i 2018 anerkendt Ressourceforløb på 5 år. Kommunen ville dermed prøve at give mig ro til heling og sjælelig bedring.   Det var også året, hvor Pia og jeg blev skilt.

I dag skriver jeg den 23. oktober 2022, og jeg har oplevet meget og været utrolig meget igennem, ikke fordi jeg skal have ondt af mig selv, for der har bestemt også været gode tider/ gode år, minder for livet. Det er min skyld og kun min. Jeg har altid haft et ønske om at bidrage med al den kærlighed og omsorg, jeg kunne, overfor min livsopgave. Pia og Marie og hvad alt dette har at byde på, ja igen, i medgang og modgang. Nu har jeg fået en ny livsopgave, som jeg bliver nødt til at udfordre mig selv på, både for min egen skyld, men også for min families skyld. Det har måske været sidste gang, min datter har rakt hånden ud. Jeg kan godt forstå, at I kun ser mig i tilbagefald gang på gang og siger til jer selv, -alt er ved det gamle. Bare I kunne se alt det, der ligger i mellem; Min fremgang og de 18 måneder jeg sammenlagt har været ædru, ud af de seneste 20. Siden min første tilbagefaldsbehandling i august 2015, har jeg været utrolig hård ved mig selv både fysisk og psykisk. Det mentale, prøver jeg at bearbejde lige så stille hen af vejen, og jeg synes selv, at jeg er noget et godt stykke, men må nok indstille mig på, at min verden aldrig kan blive som før. Ligegyldig hvor meget jeg har prøvet, falder jeg og slår mig og falder tilbage i det gamle mønster. Dødsdruk, indlæggelser og et menneskeligt mentalt smertehelvede. Når jeg tænker tilbage, så er det jo næsten ikke til at rumme som menneske, ja det er lige før man eksploderer mentalt. Fysisk, så kan min krop ikke tåle flere udfordringer med alkohol. Den er meget slidt, og symptomerne efter store indtagelser af alkohol gennem de sidste 7 år er begyndt at melde sig. Heldigvis har jeg hele tiden haft min far ved min side... Han har siden, han selv blev ædru i 2001 ikke svigtet mig en eneste gang. Det er jeg bare så taknemmelig for. Mange ville for længst have stået af og efterladt mig til min egen elendighed. Far, jeg er dig meget taknemmelig.

Jeg har ikke omtalt min bror, min mor og hendes mand ret meget i denne bog, og det er der en grund til. De har tilsyneladende valgt at fornægte mig. Det er sørgeligt, at det skal være sådan, men det er måske godt det samme. Oppe i Nordsjælland har de nok i deres eget liv, og min mors nuværende mand, som på et tidspunkt styrede min økonomi, har vist sit sande ansigt. Han er utrolig styrende og kan være noget så modbydelig.

Det er i hvert fald ikke noget, jeg vil være en del af. Det virker som om, han har min mor og bror i meget kort snor. Jeg har aldrig forstået, hvorfor familieforhold skal gøres så kompliceret, når det kan være så simpelt. Hvorfor kan man ikke leve et harmonisk liv i fællesskab!! Jeg har ikke noget svar på dette spørgsmål.

Da jeg boede i Østrepark i Maribo, havde jeg bostøtte en time dagligt og gik også til alkohol-rådgivningen ugentligt. Det var bare som om, det ikke rigtig gjorde den store forskel. Det er mig selv, der skal gøre benarbejdet, og det er jeg fuldt bevidst om. Jeg var også tilknyttet ROK-Lolland, hvor min koordinator i kommunen sidder. Der er hende, der følger op tingene og samler trådene, samtidig med hun har kontakten til Jobcenteret, Visotator, Alkohol-rådgivningen og min bostøtte. ROK tilbuddet var nok det eneste brugbare tilbud dengang. Det var også ROK-Lolland, der fik mig til psykolog igen. Jeg har førhen haft stor glæde af de psykologer, jeg har haft. Her vil jeg gerne give udtryk for min taknemmelighed. Tak til min Korrodindtor og Visitator i Lolland Kommune, som aldrig har opgivet håbet om, at jeg en igen en dag, kan få et stabilt og ædru liv. De har altid været der for mig, og givet mig mange flere chancer end jeg fortjente. Tusind tak.

Inden for de sidste 2 år, start 2021 og nu slut 2022, er det virkelig gået stærkt, og der bliver kortere og kortere imellem mine ædru perioder. Jeg kan indtage mere og mere alkohol, og der er blevet kortere og kortere imellem mine indlæggelser.
De sidste 2 aktive perioder i Maribo før min indskrivning på Søgaarden 2. ferbruar 2021, var så forfærdelige, at min datter og svigersøn valgte ikke at se mig. De skrev det direkte. De ville ikke se på, at jeg langsomt men sikkert, tog livet af mig selv. Min ekskone valgte også at trække sig. Vi havde ellers fået opbygget et godt venskab efter skilsmissen. Til sidst i denne periode lignede min lejlighed i Maribo noget der var løgn. Der var bogstavelig talt pis og lort, øldåser og cigaretskoddet over alt. Alkoholen var steget mig så meget til hovedet, at jeg kun lige kunne komme ned på tanken og hente forsyninger og tilbage igen. Min datter fandt mig til sidst bevidstløs derhjemme. Hun ringede til min bror, som jeg ellers ikke havde været i kontakt med i 2 år. Pludselig ringede det på døren, og min bror stod foran mig. Min ekskone kom også. Hun fik mig i bad, hvorefter de fik mig indlagt på Vordingborgs psykiatriske afdeling til afgiftning.

Alkohol er et opløsningsmiddel og det opløser ALT, ikke kun i forhold til det fysiske, men også arbejde, familie og venner og hvad er der så tilbage?? Ensomhed, isolation og et mentalt helvede. Ved mine sidste indlæggelser, var jeg begyndt at udskrive mig selv, fordi lægerne simpelthen ikke kunne give mig nok abstinensmedicin, i takt med mine abstinenser blev forværret. Så jeg tog hjem og selvmedicinerede mig med alkohol. To gange har jeg haft succes med at afgifte mig selv. Det kræver disciplin og råstyrke, men det varede kun kortvarig, så var jeg i gang igen.

Der sad jeg så, start året 2021... På Vingehus, og i behandling igen. Jeg kæmpede på fuld kraft i over 4 måneder for at blive til den ædru Nicki, jeg var blevet til efter min behandling i 2004, hvor alt var godt.

De sidste 7 år, har været en rejse på godt og på ondt, men en rejse jeg på nogle punkter ikke ville have været foruden. Jeg elsker livet og er meget ydmyg over stadig at være i live. For hver gang, jeg har været i tilbagefald, har jeg rejst mig igen, og det skal der utrolig mental styrke til. Ja, jeg har snydt døden en hel del gange efterhånden, men må også se i øjnene, at den ikke bliver ved med at gå. Jeg har ikke flere liv at gi´ ud af, og jeg vil helt sikkert livet, og er sikker på livet også vil mig. Jeg er i hvert fald fast besluttet på, at min rejse ikke slutter her... Jeg vil ud på nye eventyr både fysisk men også mentalt og leve i nuet. Jeg vil ud og rejse igen, jeg vil gå til rytmisk dans, jeg vil til Celine Dion koncert i Royal Arena i København til september 2023, og jeg vil gøre alt for igen at få kontakt til min nærmeste familie.

I det næste afsnit vil jeg prøve kort at beskrive mit liv start 2015 til slut 2022. I 2015 er min krop og mentale tilstand begyndt at arbejde imod mig. Jeg har glemt det allervigtigste. Jeg havde glemt mig selv. Jeg glemte at mærke efter. Jeg glemte at gå til møder, at meditere og læse i mine bøger. Hvordan har Nicki det!! Jeg troede, jeg var usårlig og kunne gå på vandet, men tiden viste desværre noget andet. Jeg arbejdede 24/7. Fast arbejde, overarbejde og sort arbejde sammen med Jan. Jeg følte også, jeg havde en forpligtigelse til at holde huset på Skelstrupvej, selvom det kun handlede om mig.. Jeg kan kun pege finger ad mig selv, og den måde jeg tænkte og handlede på dengang. Jeg glemmer aldrig en dag, hvor jeg lige var blevet færdig i haven, og hvor Marie og Ronni kom på besøg. Ronni kiggede på mig og sagde "Du ligner en total færdig mand". Igen.. Jeg skulle have mærket efter, og set mig selv i øjnene. Jeg endte med 2 diskusprolapser i nakken, og den smertestillende morfin og knivoverfald var bare dråben, der fik bægeret til at flyde over. Det havde alligevel kun været et spørgsmål om tid. Jeg var træt, slidt og psykisk helt nedbrudt. Fra 2015 og frem til 2. februar 2021 hvor jeg kom i behandling igen, har jeg haft over 70 indlæggelser til afgiftning. Jeg har drukket som et svin. Jeg har snydt og bedraget de mennesker, jeg elsker allermest i mit liv. Jeg havde lovet, jeg ikke ville undskylde igen, men alligevel kan jeg kun sige.. UNDSKYLD. Jeg har snydt og bedraget dig Pia og min syge far for penge, og hvilket menneske gør det mig til. Det må da være en form for midlertidig sindssyge, som desværre også er en del af min sygdom, alkoholisme. Jeg var kommet ud på det ekstreme overdrev. Jeg var blevet til det stik modsatte, af det menneske jeg er, når jeg er ædru. Mit moralkodeks og mine værdinormer var total væk. Som min psykolog beskriver det efter 2 psykologiske tests,: *" **Nicki scorer systematisk højt på alle skalaer: Somatisering, obsession-kompulsiv, interpersonel sensitivitet, depression, angst, aggression, fobisk angst, paranoid tankegang og psykoticisme. Dette indikerer psykiske problemer og psykopatologiske symptomer i overensstemmelse med Nickis diagnoser, som indbefatter OCD, PTSD, angst, depression"*.

Ja, det er skræmmende læsning, og det var det også for mig. Jeg blev sku ked ad det, og jeg græder stadig. Det grænser jo til indespærring på den lukkede og psykiatrisk behandling i flere måneder. Jeg følte, jeg var blevet til et monster!!! Var jeg det??

Jeg har accepteret og endelig erkendt, at jeg ikke kan fungere alene i egen lejlighed. Jeg har heldigvis lært af mine fejl, og af min selvopfattelse som det menneske jeg er i dag. Jeg er ikke den person, jeg var for 20 år siden og kommer højest sandsynligt heller ikke dertil igen. Jeg har forsøgt igen og igen at vende tilbage til det gode liv, jeg havde førhen, men jeg drukner hver gang.

Jeg har snart været i Jylland i 2 år, og jeg troede inderst inde, at det geografiske skift ville hjælpe mig videre, men jeg tog fejl. På AA møderne bliver der altid delt, at det ikke er geografien, der gør en forskel men, at det skal komme inde fra dig selv, og det har jeg inderst inde jo altid vidst. Ønsket om at forblive ædru skal komme fra hjertet, og dybt inde har jeg også ønsket. Jeg har arbejdet med mig selv i døgndrift, hver eneste dag i snart 2 år, med start på Vingehus den 2. februar 2021, hvor jeg var i over 4 måneder. Jeg blev udskrevet fra behandling den 25. maj 2021, men jeg nåede kun lige, at sætte nøglerne i til min lejlighed hjemme i Maribo, før jeg atter var aktiv alkoholiker. Godt 1 måned senere, finder en ven mig i total opløsning og dybt alkoholiseret. Han får samlet mig op, og kørt mig til Jylland endnu engang, men denne gang til Forsorgshjemmet Solgården. Solgården hører også under Tjele, og det skinnede selvfølgelig igennem. Så selvom det var et forsorgshjem, blev der dagligt arbejdet hårdt, menneskeligt og mentalt. Jeg var på Forsorgshjemmet Solgården i 8 måneder.

JEG ER TRÆT NU! Jeg har haft ca. 2 måneder sammenlagt, hvor jeg har været aktiv ud af 18 måneder (godt gået Nicki), men der er stadig et stykke vej, det ved jeg godt. Jeg bliver højest sandsynlig aldrig den samme Nicki, jeg var engang, det har jeg accepteret, men jeg kæmper hver eneste dag. **HVER FUCKING EVIG ENESTE DAG**. Jeg ved godt, det ikke kun er min alkoholisme, der er i spil. Jeg har også mange andre problematikker, som faktisk er rigtigt godt beskrevet i den sidste psykologiske rapport, udarbejdet af Psykolog Kamilla på Solgården. Solgården lukkede pludselig, og tæppet blev revet total væk under os. Vi havde fået 3 uger til at finde noget andet. Menneskene omring mig var knust. Det handlede om mennesker, der ikke havde nogen form for bolig eller relationer. Jeg havde på det tidspunkt fået en lejlighed inde på Nytorv i Viborg, men det samarbejde der var på tegnebrættet i forhold til Viborg Kommune og daglig støtte (bo-støtte) faldt totalt til jorden. Sikkerhedsnettet var væk. Jeg har altid haft stor respekt for Tjele, og de mennesker der arbejder der, men på det tidspunkt havde jeg tabt al den respekt, i hvert fald for de mennesker der står for at træffe de store beslutninger, det vil sige bestyrelsen og ejeren. Ingen tvivl om at Tjele Behandlingscenter på den lange bane har reddet menneskeliv, men det er stadigvæk en virksomhed, hvor det handler om penge. Jeg var rasende.

Efter ca. 1 måned på Nytorv i Viborg var jeg igen ved at drikke mig ihjel, og sammen med flere indlæggelser var jeg helt ude på det ekstreme overdrev. Da Artes, et Social psykiatrisk opholdssted hentede mig, måtte de bære mig ned til bilen, og de var i flere dage i tvivl om jeg ville overleve, men i samarbejde med læger og sygehus lykkedes det mig endnu en gang at vende tilbage til livet.

På Artes var jeg efterfølgende ædru i over 4 måneder, indtil for mange tanker omkring sorg, skyld, skam og svigt var medvirkende til at min selvdestruktive adfærd tog over igen. Jeg udleverede på et tidspunkt mine pas og personoplysninger til en vildt fremmed på Facebook for at skaffe penge til mit kæmpe overforbrug af alkohol. Jeg ved ikke, hvad der skete, men pludselig var min Facebook- profil lavet fuldstændig om. Min bror beskyldte mig for at svine ham til på FB. JEG SKRIVER SJÆLDENT på FB. Det er enten noget, jeg ikke kan huske eller også er der nogen, der har udnyttet mig på den konto. Min bror har været der for mig EN GANG i hele mit 7-årige tilbagefald . EN GANG. Så da jeg var kommet til mig selv igen, slettede jeg alle mine profiler på samtlige Sociale Medier, og det forbliver sådan. Når jeg har ringet for at ville snakke med min mor, så er det hver gang hendes mand, der tager telefonen, og jeg får altid samme besked, "Du må ikke snakke med din mor"!!. Jeg tænker bare.. Hvad er det for en forkvaklet verden, jeg befinder mig i. Det kan godt være, at jeg har mange udfordringer, men der er bestemt også andre, der trænger til at kigge indad.

Hvis jeg lægger alting sammen årene igennem indtil 2015, SÅ ER MIT LIV DØMT TIL AT GÅ GALT. Kofoedsminde-sagen, der næsten tog livet af mig (og Pia), og som jeg stadig lider under den dag i dag. Vi kæmpede dengang ikke kun for vores egen skyld. Mine medarbejdere og jeg kæmpede i over 6 måneder, for det der var det rigtige, og det vi stod for. Vi reformerede sgu Kofoedsminde dengang.

De bedste år af mit liv var, da jeg forlod Søgården i 2004 og frem til 2015, men jeg endte alligevel op med at såre dem, jeg elsker allermest i mit liv. Der ligger en mental regning, der skal betales... Jeg har her i september 2022 lige haft et tilbagefald til, der næsten tog livet af mig, og det kan jeg kun takke mig selv for, det ved jeg. Jeg startede op med at drikke over 150 øl på under 2 dage (personalet på Artes samlede dåserne sammen), og så hurtigt går det nu, når jeg starter op, og det eskalerer bare, dag efter dag. Efter 14 dage blev jeg indlagt på Viborg Centralsygehus med alkoholforgiftning til efterfølgende afgiftning. Det sidste overlægen sagde til mig, da jeg blev udskrevet fra sygehuset var, at jeg selvfølgelig altid var velkommen, men hvis jeg kom igen med den form for abstinenser, så kunne de ikke hjælpe mig igen, og han sagde det lige ud.. De tør simpelthen ikke give mig mere abstinensmedicin, fordi min krop er blevet pumpet med så meget af det igennem tiden. De bange for at min krop giver op, og jeg holder op med at trække vejret. På sygehuset fik jeg lige over 3000 mg Risolid på under 2 døgn, fordi lægerne kæmpede for at få min puls ned, så jeg ikke fik hjertestop. Jeg havde på de to døgn en konstant hvilepuls på omkring 125. Jeg tænker, at mit næste tilbagefald nok bliver det sidste jeg oplever, så lige nu har jeg 2 muligheder.. Jeg kan vælge at leve, eller jeg kan vælge at dø efter et muligt tilbagefald. Jeg kan love, at jeg vil gøre ALT for at holde mig ædru. MIN DATTER skal ikke stå i kirken og sige, "Min far drak sig ihjel". DET SKAL HUN BARE IKKE, og det er ikke det eftermæle jeg vil have.

Min datter, svigersøn, ekskone og specielt børnebørn skal have en ædru, stabil og troværdig Nicki. En Nicki de kan regne med til en hver tid, og altid kan søge hjælp og støtte hos. Mit næststørste ønske er, at jeg kan få lov til at genoptage mit venskab med dig Pia, min livsledsager og mit livs kærlighed. Den pige jeg har delt alt med gennem tiden, lige siden 9. klasse. I 25 år har vi haft hinanden, og den bedste beslutning vi tog har været at få dig Marie. Fars pige, og som **ALTID** vil være fars pige. Mariehønen.

Mit allerstørste ønske her og nu og for fremtiden, er et ønske om at være ædru og forblive i den tilstand. Jeg vil igen være tæt på dem jeg elsker allermest i denne her verden. Marie, Ronni, Andy, Luna og Pia, I skal vide, jeg stadig kæmper HVER ENESTE DAG for at nå derhen, men det er lige som om, jeg sidder i et bur, og nogen har smidt nøglen væk. Jeg leder stadig efter denne nøgle. Jeg er efter 10 år på antidepressiv medicin endelig kommet ud den i samarbejde med psykiatrien . Jeg håber og tror på, at jeg derved kommer mere i kontakt med mig selv, og den Nicki jeg rigtig er. I skal vide, at jeg har gjort ALT, hvad jeg kunne for at få livet tilbage.

If I win this fight, I can say.. I did it myself!
I am still strong, I survived.

Nicki Jespersen
23.10.2022

Psykiatriske erklæringer

PSYKIATRISK SPECIALLÆGEERKLÆRING

Til   14-04-2010
Arbejdsmarkedets
Erhvervssikring Sankt
Kjelds Plads 11
2100 København Ø

Angående:
Nicki Jespersen
CPR: XXXXXX-XXXX

På foranledning af Arbejdsskadestyrelsen skal der herved afgives psykiatrisk speciallægeerklæring til belysning af helbredsmæssige forhold i forbindelse med anmeldt arbejdsskade.

Undersøgelsen baserer sig på tidligere undersøgelse i december 2008 samt undersøgelse d. 13.04.10.
Derudover har der foreliggat akter fremsendt af Arbejdsskadestyrelsen.

Fra tidligere undersøgelse skal det refereres, at jeg dengang vurderede, at det drejede sig om en reaktiv tilstand, der var overgået til et langvarigt belastningssyndrom ledsaget af depression samt en personlighedsmæssig forandring. Derudover har der tidligere været et alkoholmisbrug.

Jeg vurderede dengang, at arbejdsskaden efterlod Nicki Jespersen med en personlighedsmæssig skrøbelighed.

Nicki Jespersen fortæller om sine livsforhold, at hans livssituation med hensyn til parforhold og bolig er uændret.
Han oplever, at han har et godt ægteskab.

Legemligt:
Nicki Jespersen har i forløbet haft problemer omkring uregelmæssig hjerterytme, og er undersøgt af egen læge herfor, hvor der ikke er fundet betydende legemlig sygdom.

Misbrug:
Nicki Jespersen har tidligere haft et alkoholmisbrug, men har været ædru i over 6 år.
I forbindelse med aktuelle har der ikke været genoptagelse af alkoholmisbrug eller andet.

Nuværende:
Nicki Jespersen har en tidligere, psykisk arbejdsskade, hvor han har været belastet på sin arbejdsplads på baggrund af ledelsesmæssige forhold.
Han oplevede dengang et dårligt arbejdsmiljø samt uhensigtsmæssige ledelsesforhold samt, at han har været truet og overfaldet af beboere på "Kofoedsminde".

Nicki Jespersen blev i forbindelse med et sygeforløb sammen med "elimineringsrunden" afskediget fra "Kofoedsminde".

Han fik i sommeren 2009 ansættelse på en institution under "Den Matrikelløse Institution".
Han blev ansat i Institutionen "Det gule Hus" i Fakse-området.
Han indgik her i en personalegruppe på 10 medlemmer, der varetog det pædagogiske arbejde i forhold til to unge med betydelige adfærdsmæssige problemer samt to personer med begavelseshandicaps med ledagende adfærdsmæssige problemer, men uden dom - i modsætning til, hvad han tidligere arbejdede med på "Kofoedsminde".

Nicki Jespersen oplevede, at han i og for sig fungerede vel på arbejdspladsen i forhold til de unge og i forhold til kollegaer.
Han anfører, at han efter forløbet på "Kofoedsminde" har haft svært ved at finde arbejdsglæden igen.

For ca. 4 måneder siden omkring årsskiftet 2009/2010 blev en tidligere leder fra "Kofoedsminde" ansat som leder af "Det Gule Hus".
Nicki Jespersen har tidligere på Kofoedsminde oplevet et modsætningsforhold i forhold til denne leder, hvor han oplevede sig chikaneret. Han beskriver, at hun var medvirkende årsag til, at han blev afskediget fra "Kofoedsminde".

En måned efter, at hun var tiltrådt, blev der indledt en fyringsrunde, hvor Nicki Jespersen i første omgang blev forsikret om - via sin tillidsmand, at han ikke var på listen over personer, der skulle afskediges.
En uge efter fandt han ud af, at hans navn alligevel var placeret på listen, og der blev indledt afskedsprocedure - primært begrundet i, at der var mangel på arbejde, idet et projekt blev nedlagt. Nicki Jespersen anfører, at han ikke var en del af det projekt, der skulle nedlægges, hvorfor han havde svært ved at acceptere denne begrundelse.

I tilslutning til supervision, hvori der indgik arbejde omkring afskedigelsesrunden, brød han sammen.
Det skete mandag d. 15.03.10, efterfølgende har Nicki Jespersen været sygemeldt. Nicki Jespersen beskriver i vinteren/foråret 2010 udvikling af et påvirket humør, forstyrret nattesøvn samt generaliseret uro og angst.

Efter at han brød ned, har han haft svært ved at sove. Der er mange livagtige mareridt, der omhandler de begivenheder, som han har været udsat for.

Humørmæssigt har han været langt nede og har haft tanker om ikke at leve længere, hvilket han har håndteret med sin egen læge og psykolog. Han har ikke foretaget selvmordshandlinger. Han er udtalt træt og må ofte hvile sig.

Han har en nedsat stresstærskel og reagerer let på støj og uro.
Der beskrives en vedvarende uro, hvor han nærmest dirrer hele tiden. Han har svært ved at færdes udenfor hjemmet uden ledsagelse, og det sociale liv er nu stort set indstillet. Han har svært ved at huske og koncentrere sig. Han fortæller, at han enkelte gange under bilkørsel har mistet orienteringen og ikke vidst, hvor han var.

Der beskrives ikke tilstedeværelse af psykotiske symptomer som hallucinationer eller vrangforestillinger.

Via egen læge har der været indledt behandling med medikamentel antidepressiv behandling, hvor det har været nødvendigt at skifte præparater.

Via egen er der indledt behandling med antidepressiv medicin, der har haft en vis beskeden effekt. Via arbejdspladsens Falck-abonnement er der indledt et samtaleforløb hos psykolog Bente Jessen i Maribo - en psykolog, som han i forbindelse med tidligere arbejdsskade har været i behandling hos.

Funktionsniveauet i det daglige er ganske beskedent, hvor han stort set intet foretager sig. Han deltager ikke i husholdning eller andre aktiviteter.

Ved undersøgelsen fremkommer der ikke om oplysninger om begivenheder i privatlivet eller andre forhold, der kan forklare udviklingen af ovenstående sygdomsbillede.

Medicin:
Citalopram 20mg daglig (antidepressiv medicin).

Objektivt:
Nicki Jespersen er vågen, klar og orienteret. Stemningslejet er sænket. Personlighedsmæssigt fremtræder han særdeles skrøbelig og efter 15-20 minutter iagttages tydeligt kognitivt besvær samt opblussen af uro.

Sammenfatning:
Det drejer sig om en 37-årig mand, der tidligere har været udsat for en arbejdsskade, og hvor han har været efterladt med personlighedsmæssig skrøbelighed.

Aktuelt har han atter været belastet af dels et konfliktfyldt forhold til leder i den Institution, hvor han var ansat. Han kendte denne leder og havde samme ubehagelige forhold til denne fra sin tidligere ansættelse på "Kofoedsminde". Han er nu blevet afskediget fra sit arbejde.

Han har over de seneste måneder reageret med udvikling af påvirket humør, angst, forstyrret nattesøvn ledsaget af mareridt og invasive erindringer.

Det drejer sig om en tidligere belastningsreaktion og depression, der nu er reaktiveret i forbindelse med arbejdsmæssig påvirkning i et omfang, så man nu kan tale om tilstedeværelse af PTSD. Diagnosen er PTSD (F43.1 - svære psykiske følger efter udsættelse for alvorlig belastning).

Jeg vurderer, at der en sammenhæng mellem de arbejdsmæssige tidligere og aktuelle arbejdsbelastninger.
Der er indledt relevant behandling.
Jeg vurderer ud fra min aktuelle viden, at prognosen mht. genetablering af arbejdsevne i fuldt omfang er dårlig.

Med venlig hilsen

Psykiater
Boris
BV/jh.

PSYKIATRISK SPECIALLÆGEERKLÆRING

Til   Dato 21 december 2016
Arbejdsmarkedets
Erhvervssikring Sankt Kjelds
Plads 11
2100 København Ø

Angående:
Nicki Jespersen
CPR: XXXXXX-XXXX

Efter anmodning fra Arbejdsmarkedets Erhvervssikring har jeg dags dato foretaget
psykiatrisk speciallægeundersøgelse af ovennævnte, i det følgende kaldet undersøgte.
Undersøgte er ikke bekendt af mig, men har legitimeret sig behørigt.
Erklæringen er baseret på undersøgtes oplysninger og de fremsendte sagsakter, som
tilbagesendes med erklæringen.

Dispositioner:
Far, farmor og mormor var alkoholikere.

Allergi:.
Intet

Levnedsløb:
Født og opvokset i Maribo som nummer et af to børn.
Far var fotograf med egen forretning. Mor ansat i Sparekassen i Nykøbing.
Undersøgte beskriver sin opvækst som disharmonisk og rodet. Undersøgte husker ikke
meget fra sin barndom.
Forældrene blev skilt og gift med hinanden to gange. Undersøgte kom anden gang til sin
far ca 12 år gammel. Far arbejdede meget og undersøgte var meget alene. Men opholdt
sig også en del hos sin farmor, som var den betydningsfulde person for undersøgte som
barn.
Mor og lillebror var flyttet til København. Hun fandt en anden mand. Hun pakkede sine ting
og tog hendes bror med sig. Mor spurgte dog undersøgte, om han ville med. Men han ville
ikke, da han var vred på mor, fordi hun havde fundet en anden mand. Han så som barn
kun sin mor meget få gange. Har fået god kontakt med sin mor som voksen og har gode
relationer også til broderen og sin far. Aldrig korporligt afstraffet. Aldrig udsat for seksuelle
krænkelser.

1

Skolegang:
Gået ud af 10 klasse.
Klarede sig fagligt middelgodt.
Gode sociale relationer. Aldrig mobbet.

Uddannelse/erhverv:
1996-2001 Netto Maribo, souschef.
2001-2002 Superbrugsen Nakskov.
2002-2002 Superbrugsen Nørre Alslev, souschef.
2002-2003 Fakta Vordingborg, souschef.
2003-2004 Fakta Nakskov, butikschef.
2005-2009 Kofoedsminde, omsorgsmedhjælper.
Fik her en uddannelse som misbrugskonsulent.
2009-2010 Den Matrikelløse Døgninstitution, projektmedarbejder.
2010-2013 Aktiv Bo- og Beskæftigelse, Nakskov, omsorgsmedhjælper.
2013-2014 Asylcenter Rødbyhavn, netværksmedarbejder.
2014-   Atriumfonden, pædagogmedhjælper.

Socialt:
Samlevende i 25 år, og gift i 2010 med jævnaldrende kvinde, som nu er i resurseforløb pga
fibromyalgi.
Parrets datter på 23 år er rask og velbefindende. Ikke hjemmeboende.
Parret bor i eget hus.
Økonomien trængt efter undersøgtes sygemelding. Han er på sygedagpenge.

Somatisk:
Ultimo 2015 Privathospital i Lyngby. Opereret for to diskus prolapser i halsen. (. efter
arbejdsulykke). Føler sig især om morgenen og om aftenen stiv i nakken. Ingen smerter.
22.6.2016 Roskilde og Nykøbing F sygehus med blodprop i hjernen. Har efter dette dårlig
hukommelse og koordinationsbesvær og nedsat kraft i venstre side, følelsesløshed i tre
ulnare fingre på venstre hånd. Kan ikke mærke tæerne på venstre fod.
For 3 uger siden opereret for springfinger.

Tidligere psykisk:
Rask indtil 2010, hvor undersøgte efter en psykisk arbejdsskade med diagnosen F43.1
PTSD fik anerkendt en mengrad.
Har efter dette fortsat arbejdet fuld tid.

Medicin:
Clopidogrel 75 mg dagl.
Atorvastatin 80 mg dagligt
Pamol 1000 mg ved behov max x 4 dagligt
Venlafaxin 150 + 75 mg daglig
Quetlapin 50 mg til nat
Hydroxyzon 25 mg ved behov max x 3
antabus 400 mg x 3 ugentligt

Tobak:
25 cigaretter dgl.

Alkohol:
Har været alkoholiker fra 15 til 30 års alderen.
havde en uge varende recidiv i forbindelse med aktuelle.

Andet misbrug:
Intet.

Præmorbid psyke:
Før arbejdsskaderne angiver undersøgte at have være ligevægtig og psykisk stabil. Har været socialt velfungerende.
Beskriver sig som tålmodig, men ikke konfliktsky.
Ret perfektionistisk.
OCD.
Ikke dependent.
Fritidsinteresser: Badminton, fodbold, svømning.

Aktuelt:
Under ansættelse på Kofoedsminde i årene 2005-2009 har undersøgte over 20 anmeldelser af magtanvendelse, trusler og vold.
Som nævnt fik undersøgte i 2010 anerkendt en psykisk arbejdsskade med diagnosen F43.1 PTSD fik anerkendt en mengrad.
Undersøgte fik oktober 2014 ansættelse i Atriumfondens bosted i Nykøbing "Orupgaard" som pædagogmedhjælper. Der er 6 beboere i aldersklassen 30 år og opefter til 60 år, som alle lider af paranoid skizofreni, hvoraf de fem er mænd.
Der var på bostedet flere tilfælde af vold og fastholdelser. Undersøgte klarede sig psykisk godt uden reaktivering af PTSD symptomer.
28 maj 2016 var der to personalemedlemmer på arbejde. Undersøgte og en kvindelig kollega. Undersøgte sad i kontoret og lavede vagtplan. Han hørte nogen råbe ude i haven og undersøgte gik derud og fandt den kvindelige beboer meget ophidset. Hun sagde blandt andet, at det var personalets skyld, at hun var syg og fik medicin. De to kolleger forsøgte at berolige hende, men man kunne ikke få kontakt med hende.
Pludselig går hun ind i stuen og videre ud i køkkenet, hvor undersøgte følger efter hende. Hun tager en halvlang urtekniv og peger mod undersøgte, som står 0,5 meter fra hende, og truer med at slå ham ihjel. Undersøgte forsøger i nogle minutter at få hende til at lægge kniven. Da han bliver mere bestemt i tonen, fører hun kniven ned til sit håndled og truer med at tage livet af sig selv. Hun lægger til sidst kniven og går ind på sit værelse.
Undersøgte tilkalder sin kvindelige kollega, som går ind til beboeren, mens undersøgte ringede til politiet. Man sendte to læger som tvangsindlagte beboeren på Oringe. Dette tog sammenlagt 1,5 time.
Da man skulle til at spise aftensmad brød undersøgte sammen. Blev angst og troede ikke, han skulle se sin familie mere. Teamlederen blev tilkaldt og efter en snak tilrådede hun undersøgte at tage hjem og sygemelde sig. Undersøgte er først blevet afhørt for en måned siden.
Undersøgte fik et tilbagefald med alkohol efter at have været ædru i 11 år.

Kunne ikke falde i søvn. Vågnede flere gange. havde mareridt og slog ud med arme og ben. Stod op klokken 03 om morgenen. Har stadig hver nat mareridt om at blive forfulgt og om aldrig at skulle se sin familie mere. Undersøgte blev voldsomt irritabel, hvilket er meget usædvanligt for ham. Var også ind i mellem deprimeret. Efter ca 14 dage blev undersøgte **deprimeret**, var grædende og kunne ikke holde op igen. Hustruen tog kontakt til arbejdsmedicinsk klinik, som henviste til Oringe, hvor undersøgte var indlagt i modtagelsen i to døgn. Havde **dødsønske** og følte, at det ville være lettere, hvis han ikke var her mere. Ingen konkrete selvmordsplaner. Undersøgte fik venlafaxin som efterfølgende er øget til 225 mg dgl. og Quetiapin. Undersøgte har stadig **søvnforstyrrelser** og mareridt. Sover sammenlagt 3-4 timer pr nat. Er fortsat irritabel. Er ind i mellem **lydoverfølsom**. Lider som noget nyt af **social angst**. Opholder sig hjemme, føler sig **utryg** ved at have kontakt med andre. Frygter at komme til bostedet, og er indstillet på aldrig at arbejde med så syge borgere mere. Har især om natten **flashbacks** til episoden. Han er konstant træt. Må lægge sig i sengen efter mindste anstrengelse. Sover dog ikke. Undersøgte omtaler hændelsen som et "knivoverfald", men er jo reelt kun truet med en kniv. Følte sig i situationen i **livsfare**. Han fortæller, at det kommer bag på ham, at han reagerer så voldsomt, da han jo har været ude for mange alvorlige og traumatiserende hændelser i gennem de 12 år, han har arbejdet på bosteder. I forsøg på at overvinde sin sociale fobi inviterede han og hustruen for nylig datter og svigersøn, sin mor og sine svigerforældre, da måtte undersøgte forlade stuen på grund af **angstanfald** med hjertebanken, rysten på hænderne og sveden. Er nedstemt og har skyldfølelse over sin tilstand og i forhold til familien. Er konstant **anspændt** og frygter, at der skal ske de pårørende især datteren noget katastrofalt. Efter indlæggelse på Oringe kom undersøgte i depressionsgruppe. Man mener i psykiatrien, at han skal i gruppeforløb for PTSD. Han får dog angst ved samvær med mange mennesker, og frygter ikke at kunne klare det. Undersøgte modtager aktuelt individuelle samtaler hos en kontaktperson, fordi man fra Psykiatriens side mener, at undersøgte har for mange ting at gå til. Går til fysisk genoptræning efter blodproppen to gange om ugen. Undersøgte angiver at være lidt bedre, end da han blev indlagt. sætter sin aktuelle tilstand til 8, hvor han var på 10, da han blev indlagt på Oringe. Aldrig syns- eller hørehallucineret. Aldrig systematiserede vrangforestillinger.

Psykisk status:
Lidt ældre udseende end alderssvarende. Normalt begavet. Præget af eftervirkninger af blodprop i hjernen med nedsat kognitivt funktionsniveau. Virker træt og opgivende. Ikke egentlig depressiv. Opfylder ICD10 kriterierne for PTSD. Ingen tegn på psykose. Ikke suicidal. Kontakten emotionelt præget af tilstanden og den nyligt overståede cerebrale lidelse. Formelt er kontakten i orden.

Konklusion:
44 årig butiksuddannet mand, som har levet i et stabilt parforhold i 25 år. Man har indtryk af en præmorbidt noget skrøbelig personlighed efter en noget disharmonisk opvækst, og undersøgte har fra 15 til 30 års alderen haft et alkoholmisbrug. Der er familiær disposition til dette på faderens side.

4

Undersøgte har dog i en årrække (12 år) i samme periode haft ansvarsfulde stillinger som souschef og butikschef i Netto, Fakta og Superbrugsen. Siden 2005 karriereskift til omsorgsmedhjælper og lignende. Først på Kofoedsminde, hvor undersøgte i 2010 fik anerkendt en psysisk arbejdsskade.
Aktuelt har undersøgte den 28.05.2016 under ansættelse hos Atriumfonden i Nykøbing F, været udsat for at trues med en halvlang urtekniv. Undersøgte følte sig i livsfare. Dette har reaktiveret den tidligere PTSD.
Undersøgte fik i en uge et recidiv af alkoholmisbrug. Blev indelukket, angst, fik søvnforstyrrelser, mareridt og flashbacks. Blev efter to uger deprimeret med dødsønske og var indlagt to dage på Oringe.
Er anspændt, lydoverfølsom og lider nu af social angst.
Har været behandlet i depressionsgruppe i Regionspsykiatrien og er i antidepressiv behandling med venlafaxin 225 mg dagligt. tilstanden er angiveligt ikke væsentligt bedret end ved indlæggelsen på Oringe. Og den synes således ikke helt optimalt behandlet. Som en komplikation fik undersøgte den 22.06.2016, dvs ca en måned efter traumet på Atriumfonden, en blodprop i hjernen. Der er lette somatiske følger, og ved samtalen får man indtryk af cerebrale følger.
Disse cerebrale følger vil vanskeliggøre yderligere behandling i for eksempel det planlagte pakkeforløb for ptsd. i Regionspsykiatrien.
Sammenfattende må det udtales, at der er tidsmæssig sammenfald mellem den traumatiske hændelse den 25.05.2016 og undersøgtes psykiske problemer. Der findes ingen konkurrerende årsager til tilstanden.
De psykisk belastende forhold kan være medvirkende til blodprop i hjernen.
Alkoholmisbrug og stort tobaksforbrug kan være konkurrerende faktorer til blodprop i hjernen.
Undersøgte opfylder icd10 kriterierne for PTSD. Denne tilstand er forværret af den cerebrale lidelse. Han fremstår nu svært handicappet, og har næppe helt erkendelse af sin tilstand. For afklaring af den cerebrale komponent kan foreslås en neuropsykologisk undersøgelse.

Diagnose:
F43.1 Posttraumatisk belastningsreaktion
Reactio tarda e traumate gravi
I69.3 Følger efter blodprop i hjernen
Sequelae infarkti cerebri

Venlig hilsen
Birgit S.
Speciallæge i Psykiatri

Neuropsykologerne, Neurologisk
afdeling Slagelse Sygehus
Fælledvej indgang 2 E
4200 Slagelse
Tlf.58 55 90 00

16.01.2017

Neuropsykologisk vurdering
Navn: Nicki Jespersen, CPR: XXXXXX-XXXX

Baggrund
44 år mand henvises til neuropsykologisk vurdering fra Neurologisk ambulatorium, Roskilde.

Anamnese (journal oplysninger)
Patienten blev den 22.06.2017 indlagt med venstresidig udfald. Fik trombolysebehandling. På baggrund af klinikken har patienten formodentlig haft et iskæmisk cerebralt insult i højre cerebrale hemisfære. Skal derfor fortsætte livslang behandling med trombocythæmmende, pt's diagnose er Apoplexia cerebri DI64.9.

Tidligere
Den 28.05.2016 var patienten udsat for overfald med kniv på sin arbejdsplads, dette overfald udløser en akut belastningsreaktion, genopblussen af minder om hans tidligere PTSD (2009)
og han udvikler tillige depressive symptomer. Påbegynder selvmedicinering med alkohol.
I juni 2016 indlægges han til afrusning, efterfølgende indlagt i to døgn på Psykiatrisk afdeling, udskrives med distriktspsykiatrisk tilbud og sættes i behandling for depression.

Social
Er beskæftiget som pædagogmedhjælper på opholdssted for paranoide og skizofrene voksne borgere.

Aktuelt sygemeldt.

Samtale med patienten
Patienten fortæller at han stadig har føleforstyrrelser i fødderne og venstre hånd. Dette er imidlertid et mindre problem i forhold til hans kognitive vanskeligheder. Beskriver hvorledes han har vanskeligheder med at få de daglige aktiviteter til at hænge sammen, han er mere eller mindre træt hele tiden og har svært ved at koncentrer sig, selv i forhold til rutinepræget opgaver. Ved madlavning mister han ofte overblikket og glemmer rækkefølge. Kan ikke følge med i en film, hvis han ikke har set den før, kan ikke holde rede på hvem der er hvem, navne m.v. Oplever det er svært at deltage i sociale sammenkomster bliver hurtig ør i hovedet når flere taler samtidig og kan ikke koncentrer sig om at føre en samtale i længere tid af gangen, taber tråden. Tåler ikke høje lyde og bliver hurtig irritabel.

Neuropsykologisk undersøgelsesresultater
De aktuelle neuropsykologiske undersøgelsesresultater viser at patienten har kognitive vanskeligheder i form af besværet opmærksomhed, nedsat arbejdshukommelse og indprentning af ny information, ligesom det mentale forarbejdsningstempo er nedsat.

Sammenfatning
På baggrund af journaloplysninger, anamnese, neuropsykologisk prøvetagning og samtale med patienten må det konkluderes at patienten har
Psykologiske forstyrrelser i form af angst, irritabilitet, støjfølsomhed, behandlingskrævende depression Kognitive forstyrrelser i form af
Nedsat indprentning af ny information, nedsat opmærksomhed, koncentration og psykomotorisk tempo.
Patientens symptomer er forenelig med et Posttraumatisk belastnings reaktion (PTSD) Prøveresultaterne er gennemgået med patienten og jeg har anbefalet at han får tilbud om rådgivning/kognitiv træning, med henblik på kompenserende strategier.
Det aftales at jeg sender henvisning til ViSP (Videnscenter for specialpædagogik).

Susanne,
Neuropsykolog

FUNKTIONSEVNEBESKRIVELSE

Indskrevet på:	Forsorgshjemmet Solgården. Adresse: Rævebakken 17, 9500 Hobro.
Navn:	Nicki Jespersen
Cpr. nr.:	XXXXXX-XXXX

Helbredsmæssig tilstand:

| Fysiske Faktorer | Nicki fortæller, at han har haft en blodprop i hjernen. Der er som følge heraf foretaget en neuropsykologisk undersøgelse af mulige skadevirkninger og resultaterne viser, at Nicki lider af koncentrationsbesvær, udfordringer med korttidshukommelse, træthed (kræver hvile midt på dagen) samt følelses-forstyrrelse i venstre side, særligt i hånd og fod.

I kraft af Nickis massive alkoholmisbrug, har han fået hul i spiserøret. Han er medicineret herfor og har ikke daglige gener heraf. Nicki fortæller, at komplikationerne omkring hullet i spiserøret forværres, hvis han indtager alkohol og beretter om episoder, hvor han ikke kunne spise i en måned, fordi han ikke kunne synke og derfor måtte spise flydende. Derudover er Nickis lever ligeledes påvirket af et mangeårigt alkoholmisbrug (forstørret lever og fedtlever). Det betyder, at hans levertal eksploderer ved indtag af alkohol.

Nicki fortæller om begrænsninger som følge af, at hans ben begynder at slæbe efter en forholdsvis kort distance, når han er ude at gå.

Nicki lider af hudsygdommen Psoriasis. Han er desuden opereret for to dis-kusprolapser i halsen. |

Psykiske Faktorer	Som beskrevet under fysiske faktorer har Nicki som følge af en blodprop i hjernen udfordringer med korttidshukommelse, koncentrationsbesvær m.m. Nicki fortæller, at hjernen ikke længere kan rumme det samme, som den tidligere har kunnet. Derfor bliver Nicki nervøs for, at han glipper information og medtager ofte en bisidder i sammenhænge, hvor væsentlig information gives.

I forbindelse med vurdering af Nickis kognitive funktionsniveau blev foretaget psykologisk testning (RBANS), som viser, at Nicki scorer systematisk lavt på: Umiddelbar hukommelse, visuospatiale funktioner, opmærksomhed, forsinket hukommelse og den globale score i sammenligning med normgruppen i samme alderskategori. Hvis der ønskes mere detaljeret viden herom, kan anbefales at foretage en grundigere neuropsykologisk udredende undersøgelse.

Nicki oplever, at han er struktureret ift. planlægning, godt til at skabe overblik m.m. Disse kompetencer er ifølge Nicki opstået grundet de lederjobs, som han har besiddet. Derudover kan kompetencerne forstås som symptomer på OCD, som Nicki er diagnosticeret med.

I forbindelse med sproglige evner fortæller Nicki, at han godt kan glemme ordene – dette kan være selv de mest elementære ord. Nicki mener selv, at dette særligt skyldes træthed. Ellers vurderer Nicki, at han altid har været god til at formulere sig både mundtligt og skriftligt – dette både på dansk, engelsk og tysk. Således kan Nicki fremstå ressourcestærk og velfungerende udadtil, hvorfor udefrakommende kan tage fejl af Nickis faktiske funktionsevne.

Nicki fortæller, at han fungerer godt i samspillet med andre mennesker, men oplever begrænsninger som følge af angst og ptsd. Han er særligt udfordret i store forsamlinger, da disse let bliver overvældende. I disse situationer bliver Nicki let irriteret, særligt hvis han er træt. Derfor trives Nicki godt på et lille sted som Solgården.

Nicki er diagnosticeret med OCD, hvilket kommer til udtryk i dagligdagen, hvor han gør meget rent og rydder op, da det giver ro i hans hoved. Det er imidlertid således, at Nicki i sine aktive perioder, hvor han bliver dårlig både psykisk og fysisk, ikke efterlever disse tvangstanker- og handlinger relateret til rengøring.

Derudover er Nicki diagnosticeret med ptsd, der opstod som følge af en psykisk arbejdsskade, hvor

han blev behandlet nedværdigende og uretfærdigt af tidligere leder. Dette var ifølge Nicki meget opslidende og nedbrydende, hvilket medførte, at han blev sygemeldt i en lang periode og efterfølgende blev fyret. Nicki lagde sag an mod tidligere leder og fik medhold i Arbejdsskadestyrelsen, og er således blevet tilkendt erstatning. Nickis diagnosticering af ptsd kommer ligeledes som følge af en hændelse på sit daværende arbejde, hvor han bliver truet med kniv.

Nicki er diagnosticeret med angst, hvilket bl.a. kommer til udtryk som socialangst. Han har det svært med mange mennesker, særligt hvis disse er samlet i et forholdsvis lille rum. Nicki er medicineret for sin angst. I tillæg hertil har Nicki gentagende gange været ramt af depression, hvilket har bevirket, at han har isoleret sig. Nicki giver udtryk for, at der er stor risiko for, at hans misbrug starter igen, hvis han isolerer sig. Nicki er medicineret med antidepressiv medicin.

Nicki udtrykker forståelse for egen situation, men har svært ved at acceptere, at han aldrig skal drikke igen. Han oplever forsat stærk trang til alkohol, hvorfor han er nervøs for at gå ud alene i øjeblikket. Nicki tilføjer, at han er to modsætninger når han er ædru vs. aktiv.

Nicki giver selv udtryk for, at han har en god motivation og at denne forhøjes af fremtidsdrømme. Nicki skal imidlertid være opmærksom på at tage tingene lidt ad gangen – ellers bliver det for uoverskueligt, og Nicki har behov for overblik.

Nicki ønsker følelsesmæssig stabilitet, men beskriver, at den følelsesmæssige tilstand for nuværende svinger meget mellem ydrepolerne således, at det går enten rigtig godt eller meget skidt. Nicki oplever, at dette er farligt ift. sin afhængighed. Nickis følelsesmæssige tilstand er ligeledes belastet som følge af, at både tidlige ægtefælle samt datter og børnebørn for nuværende ikke ønsker kontakt med ham, hvilket påvirker Nicki dagligt.

Sociale Faktorer	Nicki fortæller, at hans netværk er forholdsvis begrænset. Han har for nuværende ingen kontakt med sin ekskone, datter og børnebørn. Dette ifølge Nicki som følge af, at han gentagende gange har svigtet som både ægtemand, familiefar og forsørger i forbindelse med sit alkoholmisbrug.
	Han har imidlertid jævnlig kontakt med sin bror og svoger, og derudover har Nicki for nylig genskabt relationen til en gammel kammerat. Nicki giver udtryk for, at han særligt har været enspænder de sidste fem til seks år, hvor han har isoleret sig som følge af sit alkoholmisbrug. Således mener Nick, at hans sociale omgangskreds er mere eller mindre afmonteret.
	Tidligere har Nicki været tildelt en bostøtte. Han beskriver det som hjælpsomt og har været meget glad herfor. Nicki mener, at dette ligeledes kunne være en hensigtsmæssig støtteforanstaltning, når han flytter i egen lejlighed. Med udgangspunkt i resultater fra psykologisk testning er det imidlertid min vurdering, at bostøtte ikke er en tilstrækkelig støtteforanstaltning. Dette er Nicki bekendt med, men ønsker ikke at flytte i botilbud eller lignende.
	Nicki har fået lejlighed i Viborg og påbegynder efter eget ønske et tre måneders udslusningsforløb fra Solgården d. 1/1-2022. Herefter er Nicki bevilliget efterforsorg. Nicki vurderer denne foranstaltning som særdeles vigtig, da han oplever stor tryghed i en fortsat tilknytning til Solgården. Viborg er foreløbigt forholdsvis ukendt for Nicki, hvorfor han har behov for at etablere sociale relationer, omgangskreds og fællesskab. Dette kan ifølge Nicki etableres gennem AA og/eller NA fællesskaber. Derudover vil han besøge forskellige væresteder og gå til gudstjeneste, hvor han forhåbentlig kan danne nye relationer.
	Nickis økonomiske situation er således, at den er væsentlig bedre end tidligere. Han blev tilkendt førtidspension d. 1/7-21 og har haft denne som fast indkomst siden da. Derudover har Nicki fået afviklet sine privatlån. Nicki fortæller, at han brugte mange penge som aktiv. Han er meget impulsstyret – dette særligt som aktiv, men ligeledes som ædru. Som følge heraf har der ifølge Nicki været tale om, at Nicki tilbydes hjælp til at administrere en opsparing således, at han ikke har alle sine penge til rådighed på en gang. Nicki vurderer, at dette er fordelagtigt – især hvis han tager et tilbagefald. Nicki mener imidlertid, at han selv skal styre sin økonomi, når han flytter

	for sig selv. Derfor har han lagt budget ift. faste udgifter og rådighedsbeløb for at få kontrol og overblik.
	Nicki giver udtryk for, at det er nødvendigt at have meningsfyldt indhold i sin hverdag, f.eks. at hjælpe til på et bosted. Dette for at skabe struktur i sin hverdag samt for at føle sig nyttig. Han vil gerne være noget for andre, da han har positive erfaringer hermed gennem tidligere arbejde i psykiatrien.
	Nickis transportmuligheder er således, at han har kørekort, men ikke har mulighed for at eje en bil, da han er registreret i RKI. Derfor anvender Nicki offentlig transport og vil søge om pensionistkort hertil. Nicki er overordnet positiv omkring at anvende offentlig transport, men oplever udfordringer i henhold til sin angst og OCD, hvis transportmidlet er fyldt med mennesker.
Livsstilsfaktorer	Nicki har haft periodevis misbrug af alkohol gennem 25 år. De sidste 6 år har misbruget skiftevis været alkohol og abstinensmedicin (BZO). Han har ligeledes røget hash enkelte gange.
	Som følge af ludomani er Nicki registreret i ROFUS (Spillemyndighedens Register Over Frivilligt Udelukkede Spillere), hvorfor han ikke har mulighed for at spille på danske hjemmesider med brug af nemid. For nuværende er Nicki stoppet med at spille og angiver selv, at han ikke oplever tanker og trang.
	Nicki fortæller, at han siden sin ankomst til Solgården har lagt sin kost om således, at han fokuserer på at spise sundt, herunder grønt, magert kød og minimal stivelse (brød, kartofler m.m.). Nickis spisevaner er ikke restriktive, da han godt kan spise kage og slik i weekenden. Inden for de sidste 6 år har Nicki været oppe at veje 112 kg, men vejer i dag 94 kg. Nicki er overbevist om, at han vil vedholde denne sunde kost når han flytter for sig selv, da han har fået det rigtig godt i kroppen.
	Nicki giver udtryk for, at han tidligere har været aktiv med forskellige sportsgrene, herunder fodbold, svømning og badminton. Nicki oplever, at blodproppen har begrænset den mængde af motion, som han kan udføre, da han hurtigere bliver træt. Nicki giver udtryk for, at et godt transportmiddel i Viborg kunne være en cykel – ligeledes for motionens skyld. Derudover kunne Nicki godt forestille sig at svømme om morgenen.
	Nicki fortæller, at han sover regelmæssigt (6-7 timer pr. nat). Han kan godt falde i søvn om aftenen og vågner oftest kun en gang om natten for at tisse.

	Efter blodproppen oplever Nicki imidlertid, at han skal hvile sig eller sove lidt midt på dagen.

Funktionsevner:

| Personlig hygiejne | Nicki giver udtryk for, at han godt kan klare sig selv, når han er ædru. I ædru tilstand er Nicki meget fokuseret på renlighed, hvorfor han går i bad, børster tænder og barberer sig hver dag. Som aktiv har Nicki imidlertid erfaret, at han har svært ved at vedligeholde sin hygiejne, herunder bad, børste tænder m.m.

Nicki vurderer med udgangspunkt i sin nuværende tilstand, at han fint kan klare toiletbesøg, bad og vask, af-og påklædning, tandbørstning m.m. på egen hånd og har som følge heraf ikke behov for hjælp og støtte hertil. |
| --- | --- |
| Husførelse | Nicki giver udtryk for, at han ikke har problemer med rengøring, tøjvask, indkøb og madlavning. Nicki fortæller, at han er meget struktureret, hvilket betyder, at han f.eks. ved indkøb laver indkøbsseddel m.v. Han er opsat på at spise sundt, men har tidligere erfaret, at det kan være svært, når han er alene.

Nicki mener, at han godt kan administrere egen økonomi. Han har tidligere administreret egen medicin, som blev doseret til 14 dage ad gangen. Nicki vil gerne, hvis dette kan gøre på samme måde igen. |
| Socialt | Nicki er begrænset med henblik på at tage kontakt til netværk, da Nickis ekskone, datter og børnebørn for nuværende ikke ønsker, at han skal tage kontakt. Som følge heraf opstår vigtigheden i, at Nicki selv får dannet nye relationer, hvilket han er motiveret for. Han ved godt, at en ny omgangskreds ikke kommer af sig selv.

Med henblik på at komme rundt kan Nicki anvende offentlig transport og cykel. Derudover er Nickis nye lejlighed placeret centralt i Viborg by, hvorfor handlemuligheder m.m. er tæt på.

Nicki fortæller, at han godt kan overholde aftaler som ædru, men som aktiv ikke var god hertil. Det er et meget vigtigt princip for Nicki at overholde sine aftaler og være præcis. |

Egenomsorg	Nicki udtrykker stort ønske om at forholde sig ædru, da konsekvenserne ved at drikke igen er store både fysisk, psykisk og socialt. Som følge af flere tilbagefald har Nicki imidlertid erfaret, at det bliver en svær opgave. I forlængelse heraf udtrykker Nicki bekymringer ift. at begå sig i den ædru verden, da alkohol kan købes alle steder, og han er usikker på, hvorvidt han kan modstå denne fristelse. Nicki er overbevist om, at han vil fortsætte med at spise sundt og holde sig i gang. Han kan imidlertid være nervøs for, at det bliver svært at opsøge fællesskaber på egen hånd, da dette opleves som grænseoverskridende. Som følge heraf kan der være risiko for, at Nicki kommer til at isolere sig i lejligheden. Dette understøtter vigtigheden af bostøtte.

Dato: 27-10-2021
Udarbejdet af: Psykolog Kamilla

Testperson: Nicki Jespersen.

Dato for udførelse af testning: 27-10-2021

Sted for testning: Solgården, Rævebakken 17, 9500 Hobro.

Testleders navn og faglighed: Kamilla, Psykolog.

Årsag til testning med RBANS:

I 2017 har Nicki fået foretaget en neuropsykologisk undersøgelse, der viser, at Nicki er præget af eftervirkninger af blodprop i hjernen med nedsat kognitivt funktionsniveau – dette i form af besværet opmærksomhed, nedsat arbejdshukommelse og indprentning af ny information, ligesom det mentale forarbejdningstempo er nedsat. Personalet på Solgården har ligeledes bemærket, at Nicki har udfordringer på forskellige områder, herunder opmærksomhed, koncentration m.m. Personalet ønsker at vide, hvorledes de på bedste vis kan hjælpe Nicki. Af disse grunde er der således anledning til at foretage testning af neuropsykologisk status – dette for at klargøre Nickis nuværende kognitive funktionsniveau. Hertil anvendes RBANS (Repeatable Battery for the Assessment of Neuropsychological Status – oversat til Dansk).

Testresultater (gennemsnittet for normgruppen er indeksscore 100, med en standardafvigelse på 15):

Umiddelbar hukommelse: Indeksscore = 66 (konfidensinterval, 95%: 56-76, percentil: 1 %). Oversat svarende til *Meget lav*.

Visuospatiale funktioner: Indeksscore = 64 (konfidensinterval, 95%: 51-77, percentil: 1 %). Oversat svarende til *Meget lav*.

Verbale funktioner: Indeksscore = 102 (konfidensinterval, 95%: 88-116, percentil: 55 %). Oversat svarende til *Middel*.

Opmærksomhed: Indeksscore = 84 (konfidensinterval, 95%: 72-96, percentil: 14 %). Oversat svarende til *Lav middel*.

Forsinket hukommelse: Indeksscore = 56 (konfidensinterval, 95%: 44-68, percentil: 0,2 %). Oversat svarende til *Meget lav*.

Global indeksscore for hele skalaen: 62 (konfidensinterval, 95%: 55-69, percentil: 1 %).

Kliniske indtryk under testning:

Undervejs i testningen bliver Nicki frustreret og selvbebrejdende, når han bliver bevidst om, at han svarer forkert eller kommer til kort. Der ses ligeledes eksempler på, at han har svært ved at koncentrere sig – dette særligt i de længerevarende opgaver.

Konklusion:

Nicki scorer systematisk lavt på: Umiddelbar hukommelse, visuospatiale funktioner, opmærksomhed, forsinket hukommelse og den globale score i sammenligning med normgruppen i samme alderskategori. Hvis der ønskes mere detaljeret viden herom, kan anbefales at foretage en grundigere neuropsykologisk udredende undersøgelse.

Testperson: Nicki Jespersen.

Dato for udførelse af testning: 27-10-2021

Sted for testning: Solgården, Rævebakken 17, 9500 Hobro.

Testleders navn og faglighed: Kamilla, Psykolog.

Årsag til testning med SCL-90-R:

SCL-90-R (Symptom Checklist-90-R) er et selvrapporteringsinstrument til vurdering af psykiske problemer og psykopatologiske symptomer. SCL-90-R kan således anvendes til at tegne et hurtigt billede af testpersonens psykiske helbred. Nicki er tidligere diagnosticeret med følgende diagnoser: OCD, PTSD, angst og depression og det findes således relevant, at vurdere det nuværende symptombillede.

Testresultater:

Skala 1: Somatisering (T-Score = 66)

Skala 2: Obsession-kompulsiv (T-Score = 66)

Skala 3: Interpersonel sensitivitet (T-Score = 62)

Skala 4: Depression (T-Score = 69)

Skala 5: Angst (T-Score = 71)

Skala 6: Aggression (T-Score = 60)

Skala 7: Fobisk angst (T-Score = 75)

Skala 8: Paranoid tankegang (T-Score = 65)

Skala 9: Psykoticisme (T-Score = 69)

Skala 10: Tillægs-item

Global Severity Index (GSI) = 1,39

Positive Symptom Total = 54

Positive Symptom Distress Index (PSDI) = 2,31

Konklusion:

Nicki scorer systematisk højt på alle skalaer: Somatisering, obsession-kompulsiv, interpersonel sensitivitet, depression, angst, aggression, fobisk angst, paranoid tankegang og psykoticisme. Dette indikerer psykiske problemer og psykopatologiske symptomer i overensstemmelse med Nickis diagnoser, som indbefatter OCD, PTSD, angst, depression. Således er symptombilledet med udgangs-punkt i denne test umiddelbart uændret.

Nicki Indlæggelser

1	12-03-2004	Indlagt	Taarup Behandlingscenter / Møn
	19-03-2004	Overført	Søgården - Behandlingscenter Tjele / Hobro
	16-04-2004	Udskrevet	
	11 år 4 måneder 10 dage		
2	26-08-2015	Indlagt	Behandlingscenter Sjælland / Karrebæk
	09-09-2015	Udskrevet (selv)	
	9 måneder 13 dage		
3	22-06-2016	Indlagt	Akutafdeling - Nykøbing Sygehus
	22-06-2016	Overført	Roskilde Sygehus
	24-06-2016	Overført	Geriatrisk afdeling - Nykøbing Sygehus
	08-07-2016	Udskrevet	
	9 måneder 15 dage		
4	23-04-2017	Indlagt	Søgården - Behandlingscenter Tjele / Hobro
	27-04-2017	Overført	Vingehus - Behandlingscenter Tjele / Hobro
	14-05-2017	Udskrevet	
	12 dage		
5	26-05-2017	Indlagt	Akutafdeling Oringe / Vordingborg
	?	Udskrevet	
	21 dage ca.		
6	19-06-2017	Indlagt	Akutafdeling - Nykøbing Sygehus
	20-06-2017	Udskrevet	
	0 dage		
7	20-06-2017	Indlagt	Akutafdeling - Nykøbing Sygehus
	20-06-2017	Udskrevet	
	1 dag		
8	21-06-2017	Indlagt	Akutafdeling Oringe / Vordingborg
	23-06-2017	Udskrevet	
	1 dag		
9	24-06-2017	Indlagt	Roskilde Sygehus
	24-06-2017	Udskrevet	
	17 dage		
10	11-07-2017	Indlagt	Akutafdeling - Nykøbing Sygehus
	11-07-2017	Udskrevet	
	22 dage		
11	03-08-2017	Indlagt	Akutafdeling Oringe / Vordingborg
	04-08-2017	Udskrevet	
	2 dage		
12	06-08-2017	Indlagt	Akutafdeling - Nykøbing Sygehus
	07-08-2017	Udskrevet (selv)	
	4 dage		
	11-08-2017	Forsøgt indlæggelse	Akutafdeling Oringe / Vordingborg
	25 dage		
13	06-09-2017	Indlagt	Socialmedicinsk afd. / Æblevang - Saxenhøj / Sakskøbing
	23-09-2017	Udskrevet	
	9 dage		
14	02-10-2017	Indlagt	Socialmedicinsk afd. / Æblevang - Saxenhøj / Sakskøbing
	22-10-2017	Udskrevet	
	1 måned 19 dage		
15	11-12-2017	Indlagt	Socialmedicinsk afd. / Æblevang - Saxenhøj / Sakskøbing
	02-01-2018	Udskrevet	
	2 måneder		
16	02-03-2018	Indlagt	Socialmedicinsk afd. / Æblevang - Saxenhøj / Sakskøbing
	23-03-2018	Udskrevet	

16	23-03-2018	Indlagt		Horisonten (Socialpsykiatri) / Maribo
	12-05-2018	Indlagt		Akutafdeling Oringe / Vordingborg
	13-05-2018	Udskrevet		
	14-05-2018	Indlagt		Akutafdeling / Nykøbing Sygehus
	15-05-2018	Udskrevet		
	23-09-2018	Udskrevet		Horisonten (Socialpsykiatri) / Maribo
	7 dage			
17	30-09-2018	Indlagt		Akutafdeling Oringe / Vordingborg
	02-10-2018	Udskrevet		
	18 dage			
18	20-10-2018	Indlagt		Akutafdeling Oringe / Vordingborg
	22-10-2018	Udskrevet		
	21 dage			
19	13-11-2018	Indlagt		Akutafdeling Oringe / Vordingborg
	15-11-2018	Udskrevet		
	13 dage			
20	28-11-2018	Indlagt		Socialmedicinsk afd. / Æblevang - Saxenhøj / Sakskøbing
	18-12-2018	Udskrevet		
	1 måned 1 dag			
21	19-01-2019	Indlagt		Akutafdeling Oringe / Vordingborg
	20-01-2019	Udskrevet		
	6 dage			
22	26-01-2019	Indlagt		Akutafdeling / Nykøbing Sygehus
	27-01-2019	Udskrevet		
	29 dage			
23	26-02-2019	Indlagt		Akutafdeling / Nykøbing Sygehus
	26-02-2019	Udskrevet		
	8 dage			
	04-03-2019	Omkring		Akutafdeling Oringe / Vordingborg
	11 dage			
24	15-03-2019	Indlagt		Socialmedicinsk afd. / Æblevang - Saxenhøj / Sakskøbing
	04-04-2019	Udskrevet		
	0 dage			
25	04-04-2019	Indskrevet		Fabianhus (Socialpsykiatri) / Tingbakken 4, 3230 Græsted
		28-05-2019	Indlagt	Psykiatrisk skadestue / Hillerød
		29-05-2019	Udskrevet	
		04-06-2019	Indlagt	Akutafdeling / Hillerød Sygehus
		05-06-2019	Udskrevet	
		10-06-2019	Indlagt	Akutafdeling / Hillerød Sygehus
		11-06-2019	Udskrevet	
		15-06-2019	Indlagt	Psykiatrisk skadestue / Hillerød
		16-06-2019	Udskrevet	
		17-06-2019	Indlagt	Psykiatrisk skadestue / Hillerød
		19-06-2019	Udskrevet	

25		28-07-2019	Indlagt	Psykiatrisk skadestue / Hillerød
		29-07-2019	Udskrevet	
		07-08-2019	Indlagt	Psykiatrisk skadestue / Hillerød
		09-08-2019	Udskrevet	
		05-10-2019	Indlagt	Akutafdeling / Hillerød Sygehus
		06-10-2019	Udskrevet	
	10-12-2019	Udskrevet (selv)		Fabianhus (Socialpsykiatri) / Tingbakken 4, 3230 Græsted
9 dage				
26	19-12-2019	Indlagt		Akutafdeling / Nykøbing Sygehus (stort indtag af benzo)
	19-12-2019	Udskrevet		
47 dage				
27	04-02-2020	Indlagt		Akutafdeling Oringe / Vordingborg
	06-02-2020	Udskrevet		
47 dage				
28	24-03-2020	Indlagt		Akutafdeling Oringe / Vordingborg
	25-03-2020	Udskrevet (selv)		
11 dage				
29	05-04-2020	Indlagt		Intensiv / Nykøbing Sygehus
	07-04-2020	Udskrevet (selv)		
3 dage				
30	10-04-2020	Indlagt		Akutafdeling Oringe / Vordingborg
	12-04-2020	Udskrevet		
70 dage				
31	22-06-2020	Indlagt		Akutafdeling Oringe / Vordingborg
	23-06-2020	Udskrevet		
48 dage				
32	10-08-2020	Indlagt		Nykøbing Sygehus via Akutafdeling Oringe/Vordingborg
	11-08-2020	Udskrevet		Akutafdeling / Nykøbing Sygehus

Bogføringen stopper her, efter min far dødede i 2021, men jeg har talt videre. 72 indlæggelser for alkoholforgiftning og afgiftning, sammenlagt med behandlinger for alkoholisme, er det blevet til på 7 år.

Nicki Jespersen CV-oplysninger

Introduktion - lidt om mig

undefined

Arbejdserfaring

OMSORGSMEDHJÆLPER - ATRIUMFONDEN

Oktober 2014 - September 2015

Arbejdsopgaver:

Pædagogisk samt misbrugsarbejde med mennesker der har nedsat psykisk funktionsevne.

NETVÆRKSMEDARBEJDER - ASYLCENTER RØDBYHAVN

Marts 2013 - Maj 2014

Arbejdsopgaver:

Socialpædagogisk arbejde med Asylansøgere, samt kontakt med Justitsministeriet, Politi, Udlændingestyrelsen, Advokater, Røde Kors og Sandholmlejren.

OMSORGSMEDHJÆLPER - AKTIV BO-OG BESKÆFTIGELSE NAKSKOV

Juli 2010 - Marts 2013

Arbejdsopgaver:

Pædagogisk arbejde med §85 og §108 borgere.

PROJEKTMEDARBEJDER - DEN MATRIKELLØSE DØGNINSTITUTION

Juli 2009 - Juli 2010

Arbejdsopgaver:

Pædagogisk arbejde.

OMSORGSMEDHJÆLPER - KOFOEDSMINDE

September 2005 - Maj 2009

Arbejdsopgaver:

Pædagogisk og misbrugsarbejde.

Kvalifikationer

- pædagogiske aktiviteter
- målgruppe, flygtninge og indvandrere
- målgruppe, misbrugere
- målgruppe, ældre
- arbejdsområde, bofællesskaber
- målgruppe, børn /unge 11-18 år
- målgruppe, fysisk handicappede
- arbejdsområde, opholds- og væresteder
- målgruppe, psykisk syge
- støtte-kontaktperson
- målgruppe, udviklingshæmmede
- arbejdsområde, døgninstitution

Kørekort

JEG HAR FLG. KØREKORT:

- Almindelig bil (B)

BUTIKSCHEF - FAKTA NAKSKOV
April 2003 - September 2004

Arbejdsopgaver:

Daglig ledelse.

SOUSCHEF - FAKTA VORDINGBORG
April 2002 - Marts 2003

Arbejdsopgaver:

Hjælpe med daglig ledelse.

UDDELERASSISTENT - SUPER BRUGSEN NAKSKOV
Januar 2001 - April 2002

Arbejdsopgaver:

Hjælpe med daglig ledelse.

SOUSCHEF - NETTO MARIBO
Januar 1996 - Januar 2001

Arbejdsopgaver:

Hjælpe med daglig ledelse.

SALGSASSISTENT - SUPER BRUGSEN STOKKEMARKE
Marts 1993 - December 1995

Arbejdsopgaver:

Ansat som led i erhvervsuddannelse.

Uddannelse

TEGN TIL TALE (INTRO-KURSUS) - CENTER FOR DØVBLINDHED OG HØRETAB
2012 - 2012 (Andet)

TEGN TIL TALE (UDVIDET KURSUS) - CENTER FOR DØVBLINDHED OG HØRETAB
2012 - 2012 (Andet)

DEN REGIONALE MISBRUGSUDDANNELSE - CVU VEST
2007 - 2007 (Andet)

KOMBI - SOCIAL OG SUNDHEDSSKOLEN NYKØBING F.
2006 - 2007 (Andet)

Sociale og Pædagogiske fag
(pædagogik, psykologi, socialpædagogik,, socialpsykiatri, etik, kommunikation, kulturforståelse, ungdomspsykiatri)

DOMFÆLDTE UDVIKLINGSHÆMMEDE OG DERES PROBLEMATIKKER - NDU
2006 - 2007 (Andet)

SALGSASSISTENT - SUPER BRUGSEN STOKKEMARKE/NÆSTED HANDELSSKOLE
1993 - 1995 (Erhvervsuddannelser)

HØJERE HANDELSEKSAMEN - HANDELSSKOLEN NAKSKOV
1990 - 1993 (Gymnasiale uddannelser)

GRUNDLÆGGENDE SKOLEGANG · BORGERSKOLEN MARIBO

1979 - 1989 (Folkeskole)

Kurser

MEDVIRKEN VED LÆGEMIDDELBRUG I OMSORGSARBEJDET

Afsluttet 2015 · Kursuslængde: 3 dage

Sprog

DANSK

Forståelse		Øvet
Tale		Øvet
Læse		Øvet
Skrive		Øvet

ENGELSK

Forståelse		Øvet
Tale		Øvet
Læse		Øvet
Skrive		Øvet

TYSK

Forståelse	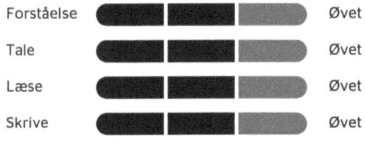	Øvet
Tale		Øvet
Læse		Øvet
Skrive		Øvet

Til minde om min far Torben Jespersen

Min far Torben Jespersen født den 14. november 1946 var en meget anerkendt fotograf med mange priser og udmærkelser bag sig. Han havde sin egen forretning i Lolland Centeret Maribo indtil 2000-2001, hvor hans misbrug indhentede ham. Dele af min familie fandt ham bevidstløs i forretningen, hvorefter han blev kørt til/i Minnesota-behandling på behandlingscenteret Taarup på Møn. Min far var alkoholiker og pillemisbruger (blandingsmisbruger) en stor del af min barndom og voksenliv indtil 2001, hvor jeg var 29 år gammel. Siden 2001 hvor min far blev ædru og kom ud på den anden side, har han efterfølgende altid været der for mig. Den far jeg ikke rigtig havde haft længe, kom nu med fuld styrke og stod altid parat til at hjælpe mig, ligegyldig hvad. Min far fik konstateret kræft i hjernen slut 2020 og gennemførte en omgang kemo og en gang strålebehandling, men det var håbløst. Han modtog efterfølgende kun livsforlængende behandling indtil hans krop den 28. juni 2021 gav op. Han døde i sit eget hjem, som han ønskede med familien omkring sig. Undtagen mig. Min far ville have opnået 20. års ædruelighed og fyldt 75 år ultimo 2021.

Min far nåede desværre at opleve mit tilbagefald i 2015, et tilbagefald jeg stadig slås med on/off her i 2022, men han var der altid altid i den periode. Der var mange ting, jeg gerne ville have haft snakket med ham om, i forhold til min barndom. Hans og min mors to skilsmisser, som efter sigende skulle have været frygtelige, men også omkring hans misbrug. Jeg husker nemlig ikke ret meget fra min barndom! Her tænker jeg på det familiemæssige. Jeg er sikker på, at jeg har fortrængt en masse, som ikke er unormalt, når man vokser op i en dysfunktionel familie. Denne samtale, nåede jeg ikke af have med min far, inden han blev syg. Jeg synes, at det på det tidspunkt var irrelevant og upassende. Efter min far fik konstateret kræft, var jeg ædru i en periode. Jeg passede ham indtil januar 2021, hvor jeg igen kom i et kraftigt tilbagefald. Mit tilbagefald var så voldsomt, at Lolland Kommune gav tilsagn om, at jeg igen kunne komme i behandling på Tjele start 2. februar 2021. Jeg nåede at være hjemme hos min syge far 2 gange efterfølgende. Ved det første besøg, var jeg stadig i behandling, og jeg kunne se, at min fars kræftsygdom havde eskaleret voldsomt. Jeg fuldførte min behandling på Vingehus, Tjele som nåede at vare over 4 måneder. En normal behandling varer 5 uger. Jeg var kun hjemme i en kort periode, hvorefter omstændighederne gjorde, at jeg endte på Forsorgshjemmet Solgården. Jeg boede på Solgården, da jeg besøgte min far i Maribo for sidste gang. Det besøg blev det ultimative sidste besøg, da min far på det tidspunkt var i teminal-fasen. Hvordan forbereder man sig lige på det? Ja Nicki, du skulle have været der igennem hele hans kræftforløb. Hvordan kan du være dig selv bekendt? Hvor kunne du? Du svigtede igen igen. Samtidig er det noget, du skal leve med, indtil du selv går bort. Jeg var på Solgården, da min far sov ind. Han blev bisat den 7. juli, hvor hele familien inklusiv mig selv var til stede. Ære være min far Torben Jespersens minde. Far... Du vil altid være elsket og savnet. Jeg håber på tilgivelse. UNDSKYLD!

Jeg vil rette en helt speciel tak til min familie i Maribo. En stor tak til mine 2 farbrødre og mine 2 tanter, som ydede en enorm indsats hele min fars sygdomsforløb. Jeg er jer alle evig taknemmelig.

Kys, kærlighed og evige tanker
Din søn Nicki

Den sidste samtale

Maribo den 08.10.2020

Redigeret udgave Viborg den 08.10.2022

(Dette brev er skrevet i forhold til, hvis jeg utilsigtet skulle dø)

Kære elskede Mariehøne

Når du læser dette, er jeg ikke længere til stede i den menneskelige verden, men vil alligevel være sikker på at få den sidste samtale med dig. Andet kunne jeg ikke bære. Jeg er fløjet med guds engle mod fremmede himmelstrøg. Til gyldne kornmarker og hvide sandstrande lige så lang øjet rækker, hvor jeg sjæleligt kan sidde og se solnedgangen og tænke på den fantastisk dejlige tid, vi havde sammen.

Det, der står klarest for mig, er den dag, du kom til verden. Kl. 19.52, en kold kold aften den 14. november for 29 år siden. Der sad jeg pludselig med det mest bedårende nyfødte barn i mine arme (A Star Was Born) og fra den dag vidste jeg, at jeg havde fået en fighter og livsledsager. Jeg var også bevidst om, at jeg nu var sat på en livslang opgave, nemlig at passe på og værne om den dyrebareste titel, jeg kunne opnå at få. Titlen som far. Når jeg tænker tilbage, er det ikke noget, man kan forberede sig på, men en opgave man med tiden vokser med. En kæmpe gave var mig givet. Det, at kunne for lov til at se dig vokse op dag for dag og samtidig vokse med de opgaver, der lå foran dig. Du har altid gjort din far utrolig stolt Marie og specielt i dit tidlige voksenliv, har du vist hvilket stof du er gjort af. Både med hensyn til uddannelse, ansvarsbevidsthed, menneskelige holdninger og ikke mindst den stærke kærlighed og omsorgsfuldhed du nu udviser overfor din lille kernefamilie. Din mor og jeg har helt sikkert gjort noget rigtig igennem din opvækst, og pludselig er du snart der, jeg selv var for 20 år siden. Du fylder 30 år i 2023 og du skal vide, at du gjorde det helt rigtige i forhold til mig og mit misbrug. Du må ALDIG være i tvivl om, du gjorde det rigtige. For det gjorde du. Du rev stikket for at passe på dig selv og din familie. DET VAR DET ENESTE DU KUNNE GØRE... For det er din lille familie og specielt dine børn, du skal bygge din fremtid op med og med. DET ER DET DU SKAL KÆMPE FOR. Det eneste der er værd at kæmpe ubetinget hårdt for.

Når jeg ser tilbage, har min familie altid haft første prioritet, ALTID også selvom jeg i den første halvdel af mit voksenliv drak al for meget. En fase af mit liv, hvor jeg nok ikke altid var så nærværende, som jeg burde være, men jeg mener selv, at jeg indhentede det fortabte i de 11 år, jeg var ædru. Jeg spurgte dig på et tidspunkt, om du følte, du havde lidt afsavn eller på nogen måde havde bemærket, at jeg ikke altid var den far, jeg burde havde været i årene 1993-2004. Heldigvis svarede du: "Nej far, det føler jeg ikke". Der faldt en stor sten fra mit hjerte, kan du tro. Jeg var sammen med din mor i 25 år. 25 år fyldt med kærlighed, omsorg, nærvær og venskab, og specielt efter du kom til verden, har de 25 år været den bedste tid i mit liv. Jeg har så mange gode og dejlige erindringer fra den tid. Jeg fik med årene din fortrolighed. En fortrolighed, jeg ser som en af de ypperligste gaver, en far kan opnå, og det skal du have tak for Marie. Vi var der altid for hinanden, og det vidste du. Du havde altid din far i baghånden. Livet er ikke altid en dans på roser, men alligevel skal vi leve livet i dag, som var det den sidste. Det skal ikke være nogen hemmelighed, at jeg kan blive helt høj af at se den måde, du takler livet på min skat. Jeg ser, hvordan dit livssyn smitter positivt af på dine nærmeste, ikke mindst dine to vidunderlige børn, morfars guldklumper, Andy-drengen og Luna-pigen. Din og Ronnis livsopgave.

Årene 2015 til og med år 2022 er ikke nogen år, jeg kan være stolt af. Havde jeg handlet anderledes på mange af parametrene før mit tilbagefald i 2015, havde min verden nok set helt anderledes ud i dag. En del af det, tror jeg, er en stribe af tilfældigheder sammenholdt med en række af forkerte beslutninger fra min side. Fra jeg genoptog mit misbrug, har jeg gennem hvert tilbagefald mistet lidt for hver gang, indtil jeg til sidst havde mistet ALT. Det at miste bliver til sorg. En sorg der med ingen midler kan bekæmpes. Min sorg er et udtryk for min kærlighed, der er blevet hjemløs.

Jeg er ked af, at jeg her til sidst bliver nødt til at nævne Kofoedsminde… Jeg er HELT SIKKER på, at den kamp vi tog i 2009-2010 forandrende mit liv totalt. Jeg fik konstateret PTSD på den bekostning. Jeg ser ikke diagnosen som noget i sig selv, men jeg havde pludselig fået et helt nyt sæt af følelser. Følelser ikke andre mennesker normalt har. Følelser jeg pludselig skulle forholde mig til. Følelser jeg stadig skal forholde mig til den dag i dag, og som jeg stadig har svært ved at håndtere.

Jeg har efter den tid ikke været mentalt til stede i min sjæl og dermed ikke været tro mod mine egne overbevisninger om det, at være et godt og ædru menneske. Det der gør mest ondt på mig er, at jeg unødvendigt og hovedløst har gjort det kæreste jeg har ondt. Jeg har i den grad svigtet. Det gælder også overfor mor. Mit livs kærlighed, livsledsager og sjæleven.

Det der sidder mest fast i mig er, at du fars pige, på et tidspunkt sagde: "Far der er noget der er gået i stykker inden i mig". Det kan jeg som far ikke tilgive mig selv. Jeg har tilgivet mig selv mange ting efterfølgende, men lige netop dette, kan jeg ikke tilgive. Jeg skal leve med det resten af livet. Jeg håber, I med tiden alligevel finder plads i jeres hjerter til netop tilgivelse.

Livet i dette sekund er svært og har været det et stykke tid. Jeg kan ikke rigtig finde mening med det hele længere, men jeg vil kæmpe videre, også selvom det er svært. I 7 år har jeg tit taget den nemme løsning, bare for at lukke ned også selvom løsningen kun varede kort. Jeg VIL IKKE give op nu. I skal have mig ædru og helhjertet i jeres liv, og det vil jeg stå ved indtil min livshistorie får en ende. I skal vide, jeg gjorde, hvad jeg kunne. ALT. Husk på hvor meget jeg elsker jer, og at jeg altid vil være hos jer i hjerte og sind. Jeg vil fra den dag det slutter og fra de evige jagtmarker følge jer og holde hånden over jer og jeres kære. Marie... Du vil altid være fars pige. Lige fra du blev født, har vi haft noget helt specielt sammen. Et bånd, som har udviklet sig gennem årene til et helt unikt og kærligt far/datter venskab. Dette bånd kan aldrig brydes, heller ikke i døden. Husk at leve livet hver dag min skat, mens tid er. Sætter du kærligheden og ærligheden frem for alt, så er du allerede godt på vej, for du har i forvejen livets gave i dig. Du er nemlig altid tro mod dig selv og dine nærmeste. Lov mig, at vælge dine kampe med omhu. Det kan ellers få uoverskuelige konsekvenser.

Med evige tanker, kys og kærlighed til jer alle.
Jeg vil altid elske jer ubetinget.
Din Far

Denne bog er skrevet i håb om tilgivelse og er tilegnet til de mennesker jeg elsker mest i denne her verden og som jeg altid har kæmpet for. Min nærmeste familie. Min datter Marie, min svigersøn Ronni, mine børnebørn Andy og Luna, og min ekskone Pia.
Promise me, just hold my hand....

Mit fingeraftryk til denne verden.....

Raise your head, look into my wishful eyes
That fear that's inside you will lift, give it time
I can see everything you're blind to now
Your prayers will be answered, let God whisper how

To tell me you need me, I see that you're bleeding
You don't need to show me again
But if you decide to, I'll ride in this life with you
I won't let go 'til the end

So cry tonight. But don't you let go of my hand
You can cry every last tear
I won't leave 'til I understand
Promise you'll just hold my hand

**Uddrag af Soundtrack Top Gun: Maverick 2022,
"Hold My Hand", Lady Gaga.**

© 2022, Nicki Jespersen
Forlag: BoD – Books on Demand, Hellerup, Danmark
Tryk: BoD – Books on Demand, Norderstedt, Tyskland
ISBN: 9788743048992

Denne bog er fra det virkelige liv og er
skrevet af, Nicki Jespersen,
Viborg den 23.10.2022.

Nicki Jespersen Carpe Diem